数学文化
彩虹桥 ②

扫 码 听 课
轻 松 学 练

● 陈加仓　包含丽 / 主编
● 谷尚品　符玲利 / 副主编
● 戴本琴　陈纪英　李婷玉 / 编著

广西师范大学出版社
·桂林·

数学文化彩虹桥 2
SHUXUE WENHUA CAIHONG QIAO 2

策　　划：敖登格日乐
责任编辑：田　莉
责任技编：王增元
封面设计：卜翠红
内文版式：叶晓丽

图书在版编目（CIP）数据

数学文化彩虹桥. 2 / 陈加仓，包含丽主编. --桂林：广西师范大学出版社，2024.7
ISBN 978-7-5598-6950-0

Ⅰ．①数… Ⅱ．①陈… ②包… Ⅲ．①小学数学课－教学参考资料 Ⅳ．①G624.503

中国国家版本馆 CIP 数据核字（2024）第 096940 号

广西师范大学出版社出版发行
（广西桂林市五里店路 9 号　邮政编码：541004）
　网址：http://www.bbtpress.com
出版人：黄轩庄
全国新华书店经销
北京汇瑞嘉合文化发展有限公司印刷
（北京市北京经济技术开发区荣华南路 10 号院 5 号楼 1501　邮政编码：100176）
开本：787 mm×1 092 mm　1/16
印张：14　　字数：140 千
2024 年 7 月第 1 版　　2024 年 7 月第 1 次印刷
定价：48.00 元

如发现印装质量问题，影响阅读，请与出版社发行部门联系调换。

序 言

　　《数学文化彩虹桥》丛书是一套适合小学一至六年级学生进行数学学习、探究、阅读的图书，共6册。其中1至3册每册24个主题，4至6册每册28个主题，共156个主题。这套书集聚温州大学城附属学校数学教育成果以及温州大学华侨网络学院华文教育的研究优势，每一个主题均选自陈加仓名师工作室团队为温州大学华侨网络学院学生量身定制的课程。书中将古诗词、二十四节气、神话故事、爱国主义精神等中华文化元素融入数学教学中，相应课程一经推出，便得到了海外华文学校师生的高度认同。

　　著名数学家谷超豪曾说："人言数无味，我道味无穷。"《数学文化彩虹桥》丛书就是一套能让孩子感受数学魅力，增加探究兴趣，从阅读中体悟数学中的童趣和中华传统文化的图书，能让孩子对数学知识产生浓厚的求知欲。这一特点体现在设问上，如"雪花长什么样子，你能画出来吗？雪花中还藏着哪些秘密？"一朵雪花就能带着孩子品味数学的魅力；再如"我能猜出你心中的数，你信吗？"一句话就能轻松调动孩子的好奇心。好奇心是孩子学习过程中最好的老师，它将带着孩子走向数学研究的深处。

该丛书是一套有具体情境、实际问题、可操作记录的读物，让孩子在"读玩做合一"的理念下进行数学探究活动，感受数学文化中蕴含的深奥内容、游戏中包含的深刻道理。

我们期盼，这套丛书能成为孩子课堂内外的学习材料、家庭教育的辅助参考、教师教学的有益资源，促进孩子在数学学习上的发展。总而言之，三言两语说不完《数学文化彩虹桥》丛书多有趣，只有亲临其中，展开阅读、思考、探索和实践，和书中的人物积极对话，你才能感受数学知识文化有多丰富，智慧营养价值有多高。

小朋友们，快来阅读吧！相信在阅读本书之后，你会对数学有一种全新的认识，会产生浓厚的兴趣，进而获得知识，提高能力。

愿你们眼里总有星辰大海，不负时光，勇往直前！

主编

2024 年 6 月

人物介绍

熊猫

性格特点： 积极乐观、招人喜欢

兴趣爱好： 吃竹笋、卖萌、睡觉和给小朋友提问题

博士

性格特点： 温和、睿智、博学多才

兴趣爱好： 研究问题，总结规律，探寻事物的本质

华华

性格特点： 乐观开朗、积极向上

兴趣爱好： 踢足球、打羽毛球、编程、读书

佳佳
性格特点：善良温和、有责任感
兴趣爱好：喜欢小动物、热心公益、弹古筝、写书法

慧慧
性格特点：独立自信、活泼开朗
兴趣爱好：下围棋、做手账、看电影、读书

侨侨
性格特点：聪明机灵、勇敢正直
兴趣爱好：攀岩、拼搭玩具、问问题、思考

融融
性格特点：可爱懂事、善解人意
兴趣爱好：跟小朋友做游戏、听妈妈讲故事、游泳

目 录

1. 双胞胎兄弟 1
2. 图形变变变 11
3. 方格图里的奥秘 18
4. 火柴棒游戏 26
5. 跟着人民币去旅行 32
6. 大比拼 41
7. 数字跷跷板 49
8. 巧数方块 56
9. 四连方游戏 63
10. 身体上的"尺子" 69
11. 蚂蚁排排走 76
12. 摆正方形游戏 84
13. 图形背后的数 90

14. 摆圆片游戏 ········ 99

15. 玩转生肖 ········ 108

16. 猴子吃桃子 ········ 122

17. 有趣的口诀 ········ 129

18. 围棋子遇见数位表 ········ 136

19. 猜数游戏 ········ 152

20. 我会购物 ········ 158

21. 神秘的算盘 ········ 167

22. 猴子的年龄 ········ 173

23. 数学中的太阳花 ········ 181

24. 鸡兔同笼 ········ 191

参考答案 ········ 199

附页 ········ 209

1 双胞胎兄弟

 平平和安安是一对双胞胎兄弟，他们长得像极了。平平比安安早3分钟出生，因此平平是哥哥，安安是弟弟。

 双胞胎兄弟很友好，但什么东西他们都想要同样多。

我们一起去看看，到底怎样分才能同样多呢？

一天，妈妈给他们做了一些饼干★，哥哥给弟弟几块才同样多？

 哥哥6块　　　 弟弟2块

① 摆一摆：用饼干★摆一摆，怎样分才同样多。

② 画一画：把你摆的过程画下来。

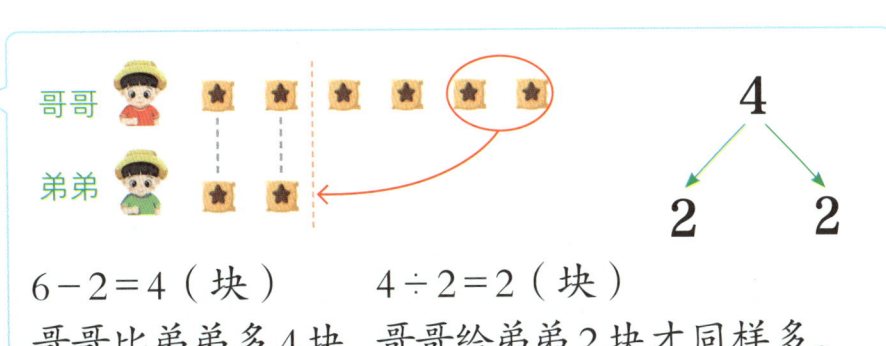

$6-2=4$（块）　　$4÷2=2$（块）

哥哥比弟弟多4块，哥哥给弟弟2块才同样多。

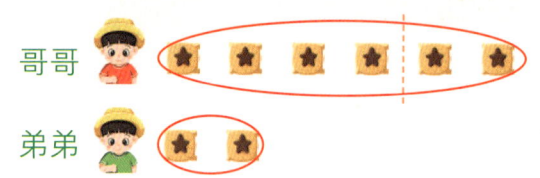 

$6+2=8$（块） $8÷2=4$（块） $6-4=2$（块）

哥哥和弟弟一共有8块，平均分后每人得4块，$6-4=2$（块），哥哥给弟弟2块才同样多。

 分一分

融融，现在哥哥给弟弟几块才同样多？
哥哥8块　弟弟2块

哥哥给弟弟3块才同样多。

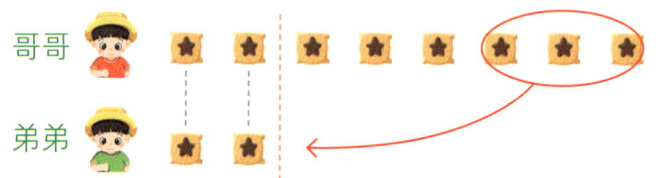

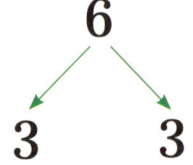

侨侨，我用你说的方法先算出哥哥比弟弟多几块，再把多的部分平均分，就知道哥哥要给弟弟3块了。

1. 双胞胎兄弟

 观察哥哥、弟弟分饼干的过程，你有什么发现？

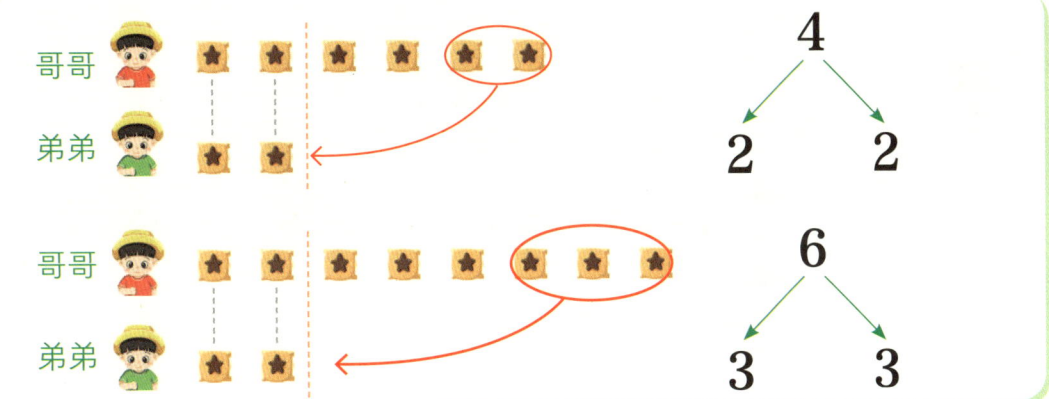

 我发现哥哥比弟弟多的饼干数量都是双数，从中分出一半给弟弟，他们的饼干数就同样多了。

我发现只要把哥哥比弟弟多的饼干平均分成2份，移1份给弟弟，他们的饼干数就同样多了。

 怎样分才能同样多？请你分一分，移一移。

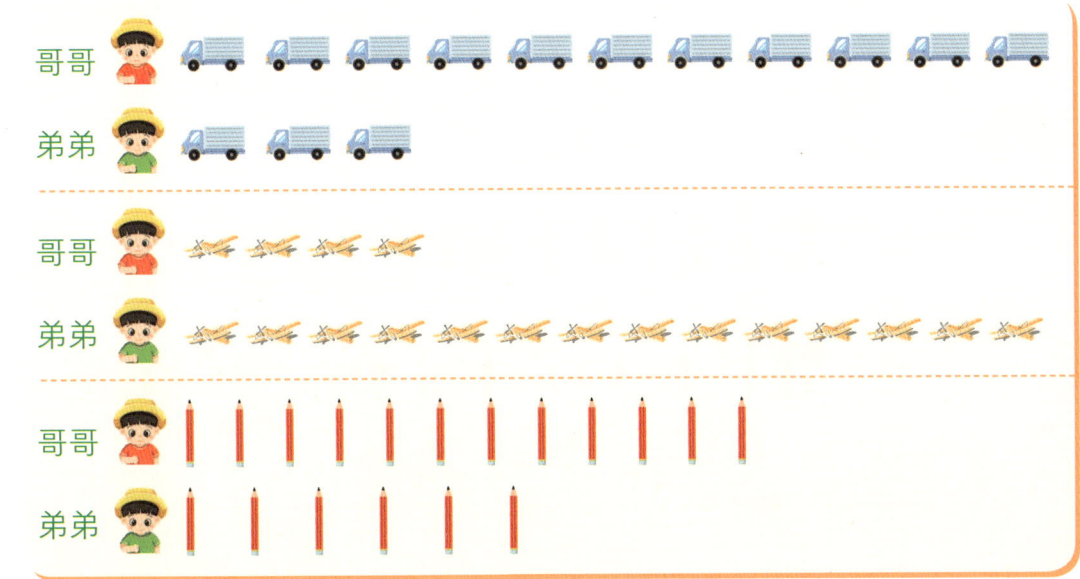

一起来交流

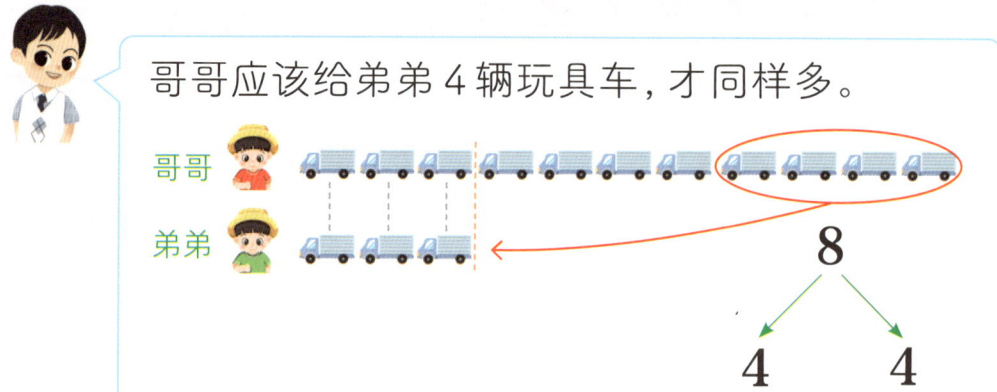

哥哥应该给弟弟4辆玩具车,才同样多。

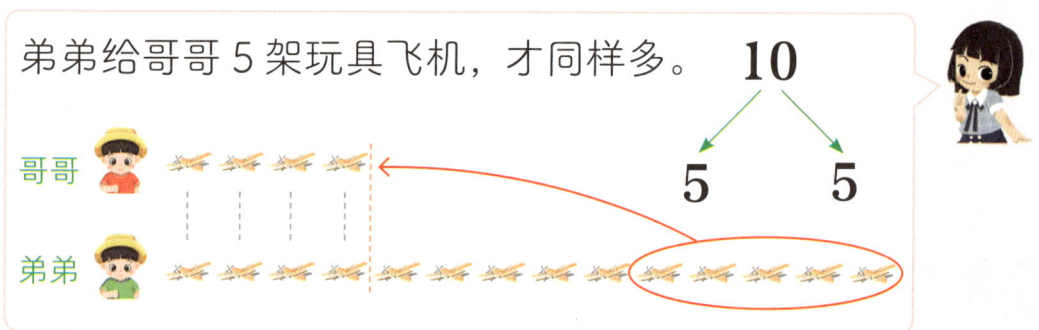

弟弟给哥哥5架玩具飞机,才同样多。

哥哥给弟弟3支铅笔,才同样多。

1. 双胞胎兄弟

一块一块地分，下面的橡皮怎样分才能同样多？

第一题

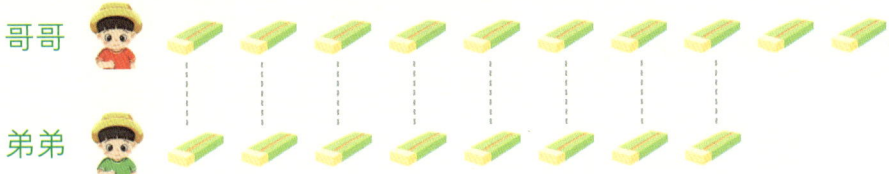

第二题

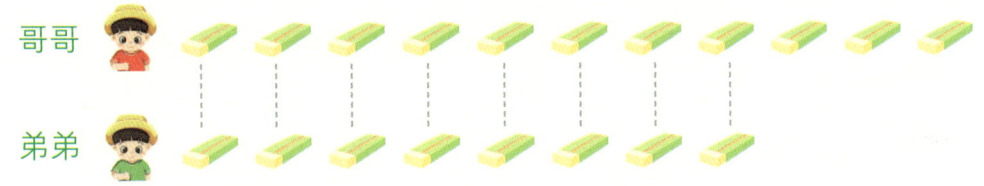

 第一题，哥哥给弟弟1块橡皮，就能同样多。因为哥哥比弟弟多2块，2块的一半是1块。

第二题，哥哥和弟弟不能分得同样多的块数，因为哥哥比弟弟多3块，一块一块地分，3块不能平均分成2份。

试一试 快速判断，一块一块地分，哥哥和弟弟能不能分得同样多？

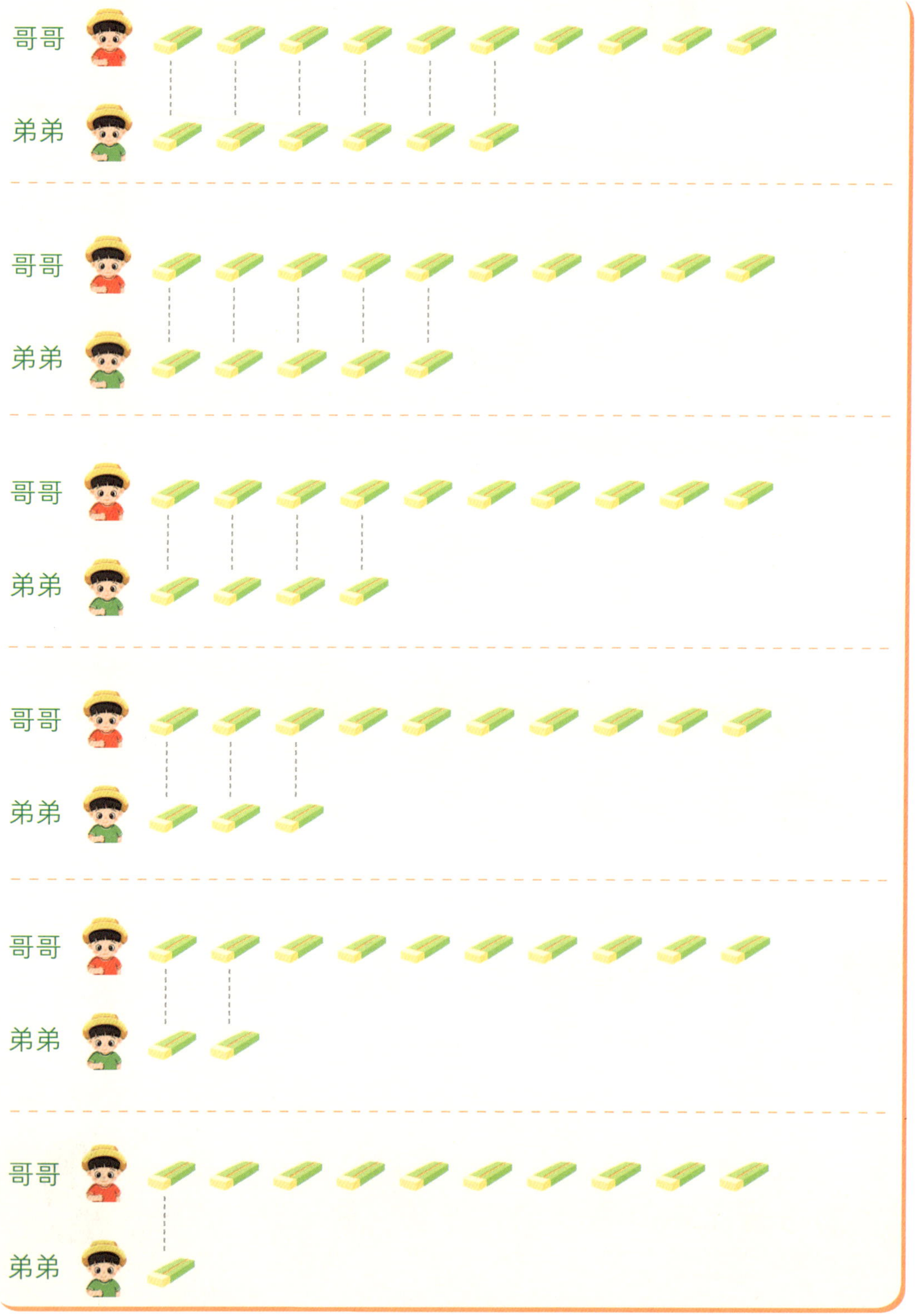

1. 双胞胎兄弟

一起来交流

 我整理了一下，左边的可以分得同样多，右边的不可以。

哥哥 / 弟弟 多2块	哥哥 / 弟弟 多3块
哥哥 / 弟弟 多4块	哥哥 / 弟弟 多5块
哥哥 / 弟弟 多6块	哥哥 / 弟弟 多7块
哥哥 / 弟弟 多8块	哥哥 / 弟弟 多9块
✓	✗

 我发现了规律：只要多出的块数是双数，就能分得同样多；多出的块数是单数，就不能分得同样多。

 一块一块地分，双数可以平均分成2份，单数不能平均分成2份。

1. 双胞胎兄弟

 两人同样多，如果要让哥哥的棒棒糖比弟弟的多 2 根，那么你会怎样移？

怎样移才能让  哥哥的棒棒糖比 弟弟的多 2 根？

哥哥　　　　　　　　　　　弟弟

 现在两个人一样多，想让哥哥比弟弟多 2 根，弟弟要给哥哥 2 根吗？

侨侨，你说得不对！我试了一下，弟弟只要移给哥哥 1 根，哥哥就比弟弟多 2 根了，这是为什么呢？

哥哥

弟弟

 因为把弟弟的棒棒糖移走 1 根后，哥哥就比弟弟多了 1 根，再把移走的 1 根给哥哥，哥哥就多了 2 根。

哥哥

弟弟

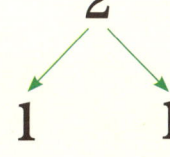

 怎样移才能让哥哥的棒棒糖比弟弟的多4根?

 我来揭晓答案：把哥哥要比弟弟多的4根棒棒糖平均分成2份，每份2根，弟弟移2根给哥哥，哥哥就比弟弟多4根棒棒糖了。

 快和爸爸妈妈一起来挑战吧！

❶ 怎样移才能让第一行比第二行多5个？

❷ 怎样移才能让第二行比第一行多5个？

2 图形变变变

扫码听讲解

你认识下面这些图形吗？它们各有几条边？几个角？

它们分别是三角形、正方形、长方形、正五边形，分别有 3、4、4、5 条边，3、4、4、5 个角。

 运用你的聪明才智，可以让这些图形发生神奇的变化哟！

真的吗？快带大家来挑战一下吧！

 我们先从正方形开始。

 画线分一分，把正方形分成 4 个形状、大小相同的图形。

一起来交流

我分好了，有两种分法：
① 对角对折，画线分出4个同样大小的三角形，见图1。
② 对边对折，画线分出4个同样大小的正方形，见图2。

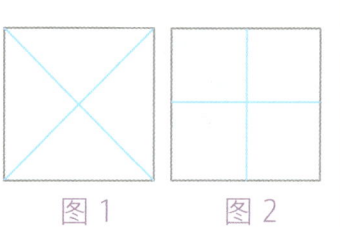

图1　　图2

我也分好了，将正方形对边对折，再对折，画线分出4个同样大小的长方形，见右图。

 或

我有无数种分法：可以将正方形先对折，再画斜线，分出4个形状、大小相同的三角形；也可以将正方形对边对折，画线分成2个长方形，然后在长方形对边的两端取相等长度的线段（如红线所标），画斜线分出4个形状、大小相同的梯形。见右图。

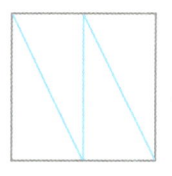 或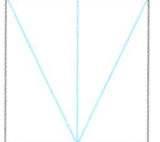

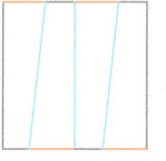 或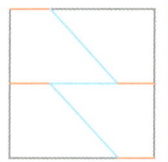

（像这样分梯形的方法有无数种，你们也来分分看吧！）

动手操作　给长方形分一分，你有几种方法？

将右面的长方形分成4个形状、大小相同的图形。

  如果将正方形剪去一个角，那么它还剩几个角呢？

我知道，正方形有4个角，剪去1个角，当然还剩3个角啊！

 融融说得对不对，动手剪一剪就知道啦。

开动脑筋，我们来想一想！

 剪一剪。

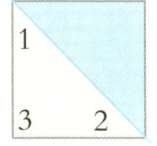 我沿着对角线剪去1个角，确实还剩下3个角，如左图所示。

 我剪去1个角，还剩下5个角，如右图所示。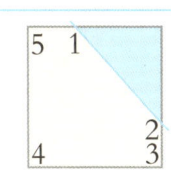

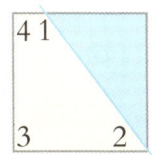 我剪去1个角，还剩4个角，如左图所示。

 仔细观察三种不同的剪法，你有什么发现？

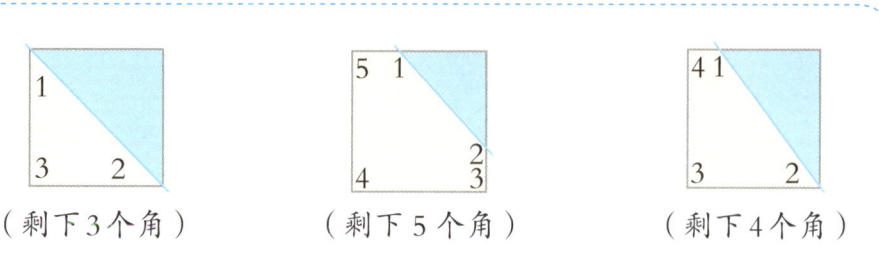

（剩下 3 个角）　　　（剩下 5 个角）　　　（剩下 4 个角）

 我发现正方形剪去 1 个角，可能剩下 3 个角，可能还是 4 个角，也可能剩下 5 个角，共有三种情况。

我发现沿着对角线剪，会减少 1 个角；从一条边剪向相邻的另一条边，会增加 1 个角；从一条边剪向一个角，角的个数不变。

 融融，我知道为什么会这样，因为：
❶ 沿着对角线剪，会破坏 2 个角，少了 1 个角，同时又会产生 2 个新角，因此会减少 1 个角；
❷ 从一条边剪向邻边，少了 1 个角，同时又产生了 2 个新角，因此会增加 1 个角；
❸ 从一条边剪向 1 个角，破坏了 1 个角，少了 1 个角，产生了 2 个新角，因此数量不变，还是 4 个角。

2. 图形变变变

动手操作 将下面的图形分一分，你有几种方法？

变成 2 个三角形

变成 1 个三角形和 1 个四边形　　变成 1 个三角形和 1 个五边形

一起来交流

我是这样分的，变成 2 个三角形。

我是这样分的，变成 1 个三角形和 1 个四边形。

我是这样分的，变成 1 个三角形和 1 个五边形。
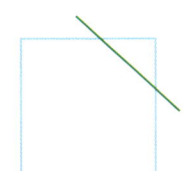

你能将下图分成 4 份形状与原来图形相同的图形吗?

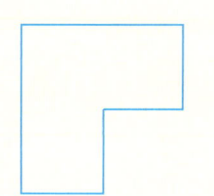

开动脑筋,分一分。

 融融,像这样把它分成形状、大小相同的正方形,可以吗?

 侨侨,这样分不对,要分成 4 份,每份的形状要和原来的图形形状一样。我是这样分的,先把这个图形分成大小一样的 12 个小方格(如图 1 所示),因为要分 4 份,12÷4=3(格),所以每份取 3 个小方格,再组成和原来图形形状一样的图形,这样才可以(如图 2 所示)。

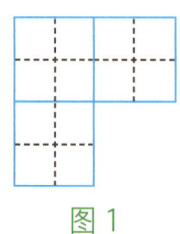   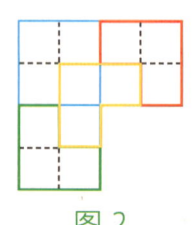

图 1   图 2

2. 图形变变变

 你能把下面的图形分成形状、大小相同的 4 块吗？你有几种方法？

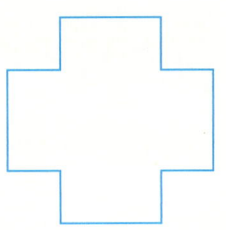

一起来交流

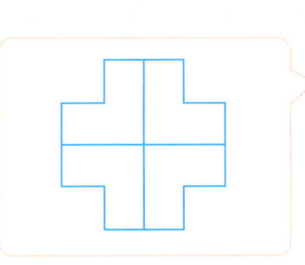

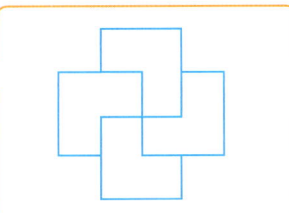

你还有其他分法吗？

 快和爸爸妈妈一起来挑战吧！

你能把右侧的正三角形分成形状、大小一样的三角形吗？

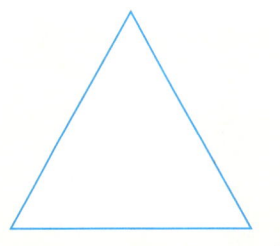

3 方格图里的奥秘

扫码听讲解

 融融、慧慧，看看下面这两张方格图，你们有什么发现？

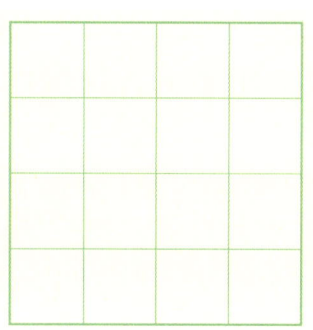
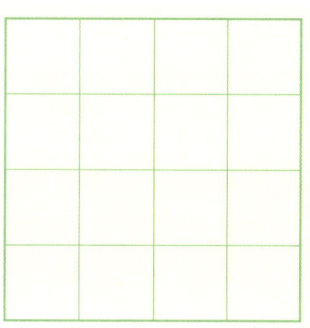

 我发现两张方格图都是横着有4行，竖着有4列。

我发现这两张图是一样的。

15	7	16	5
1	13	2	4
12	6	11	9
3	14	10	8

1	2	3	4
5	6	7	8
9	10	11	12
13	14	15	16

现在这两张图不一样了吧！哪张图中的数更好记呢？

 右边这张图中的数更好记，因为里面的数是有规律的，左边图里的数是没有规律的。

右边图里的数有什么规律呢？

一起来交流

我发现方格图中的数横着是1个1个增加的，竖着是4个4个增加的。

我发现从右上到左下的数斜着是3个3个增加的。

我发现从左上到右下的数斜着是5个5个增加的。

如果把方格图里的数都藏起来，你还记得它们的位置吗？

动手操作 刚才的方格图中，第3行的第3个数是什么？

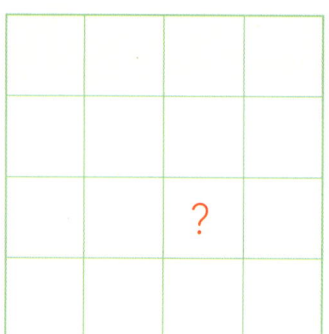

一起来交流

我是1个1个数下来的，应该是11。

也可以用1＋5＋5＝11，因为斜着的数是5个5个增加的。

第1行的第3个数是3，第3行的第3个数就是3＋4＋4＝11，因为竖着的数是4个4个增加的。

同学们真厉害，能用发现的规律填数。再想一想，11下面的数是几？

是15，因为11＋4＝15。

 方格图很有意思吧!下面,让我们来应对更多的挑战吧!

方格图中的规律真有趣,我们自己也来设计一张有规律的方格图吧!

 你能设计一张有规律的方格图吗?看看谁的设计更有创意。说一说,你的方格图有什么规律。

5	6	7	8
9	10	11	12
13	14	15	16
17	18	19	20

这是我设计的方格图,横着看是1个1个增加的,竖着看是4个4个增加的……

1	2	3	4
5	6	7	8
9	10	11	12
13	14	15	16

你的设计和前面的方格图很像啊。

对比一下，这两张方格图有什么相同的地方和不同的地方呢？

相同的地方是：规律相同，横着看数是1个1个增加的，竖着看数是4个4个增加的；不同的地方是：一个从1开始，一个从5开始。

没错！虽然方格图里的数不一样，但是它们排列的规律是一样的。

动手操作 按顺序填一填。

如果横着是5个格子，里面的数也是1个1个增加，按顺序填下去，竖着看会是几个几个增加呢？

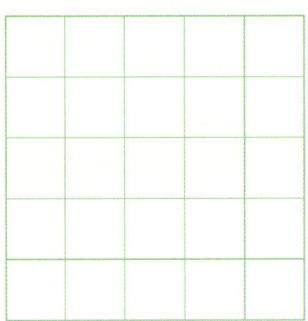

一起来交流

是5个5个增加，因为第一行横着从1填到5，第二行横着从6开始填，6－1＝5，所以同一列竖着数相邻的数相差5。

如果横着是6个格子或是7个格子呢？

我发现，只要横着的数是1个1个增加的，这一行有几个格子，竖着的数就几个几个增加。

 仔细观察下面两张方格图，分别说一说，同一行的数、同一列的数以及对角线上的数，各有什么规律。

0	2	4	6
8	10	12	14
16	18	20	22
24	26	28	30

1	4	7	10
13	16	19	22
25	28	31	34
37	40	43	46

我发现左边方格图中的数横着看是2个2个增加，竖着看是8个8个增加，从左上角往右下角斜着看是10个10个增加。右边的方格图横着看是3个3个增加，竖着看是12个12个增加，从左上角往右下角斜着看是15个15个增加。

我知道了，竖着的规律、斜着的规律都和横着的规律有关。

 你们真会思考。再想想，方格图中还藏着什么规律呢？

快和爸爸妈妈一起来挑战吧！

往下面这张 6 行、6 列的方格图中填入合适的数，设计出一张有规律的方格图。

你设计的方格图有什么规律呢？给爸爸妈妈讲解一下吧！

④ 火柴棒游戏

扫码听讲解

  小朋友们，我们生活中有许多用品都和数学相关，一起来看看吧！

 慧慧，给你猜个谜语哟！身穿白衣袍，头戴小红帽，平时不出门，出门就发火。打一生活用品。

我知道，是火柴棒！

 对的，我们一起来玩火柴棒游戏吧！

侨侨，你看我用火柴棒摆出了数字0。

 真棒，我再加上1根火柴棒，就变成数字8啦！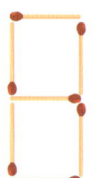

太好玩了，我们再来试试吧。

4. 火柴棒游戏

动手操作 用火柴棒摆出数字 1 到 9。

❶ 摆一摆：用火柴棒或其他小棒摆出数字 1 到 9。
❷ 画一画：把你摆出的图形画下来。

一起来交流

我是这样摆的。

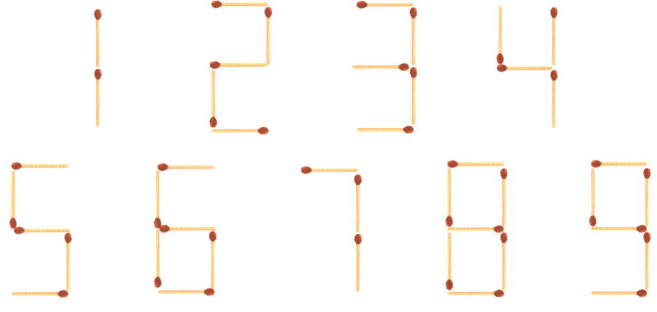

融融，你真厉害！我们再来玩一个移动火柴棒的游戏吧。

 请你移动1根火柴棒，使下面的等式成立。

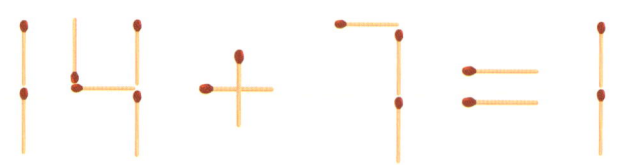

可以这样移：

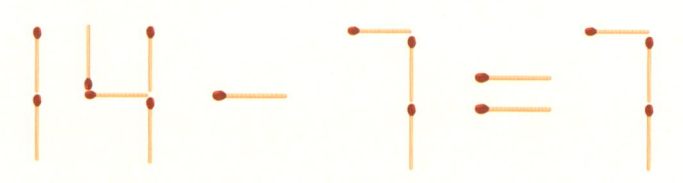

 很棒哦！我们再来试试。

动手操作 只移动1根火柴棒，使下面的等式成立。

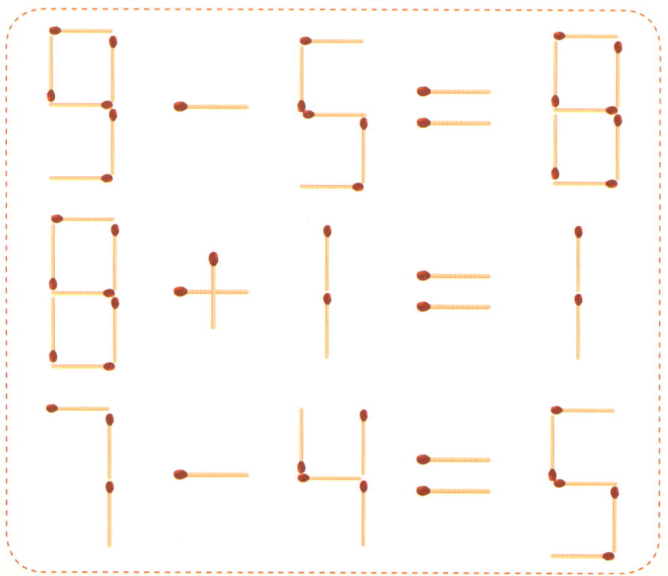

 开动脑筋，想一想吧。

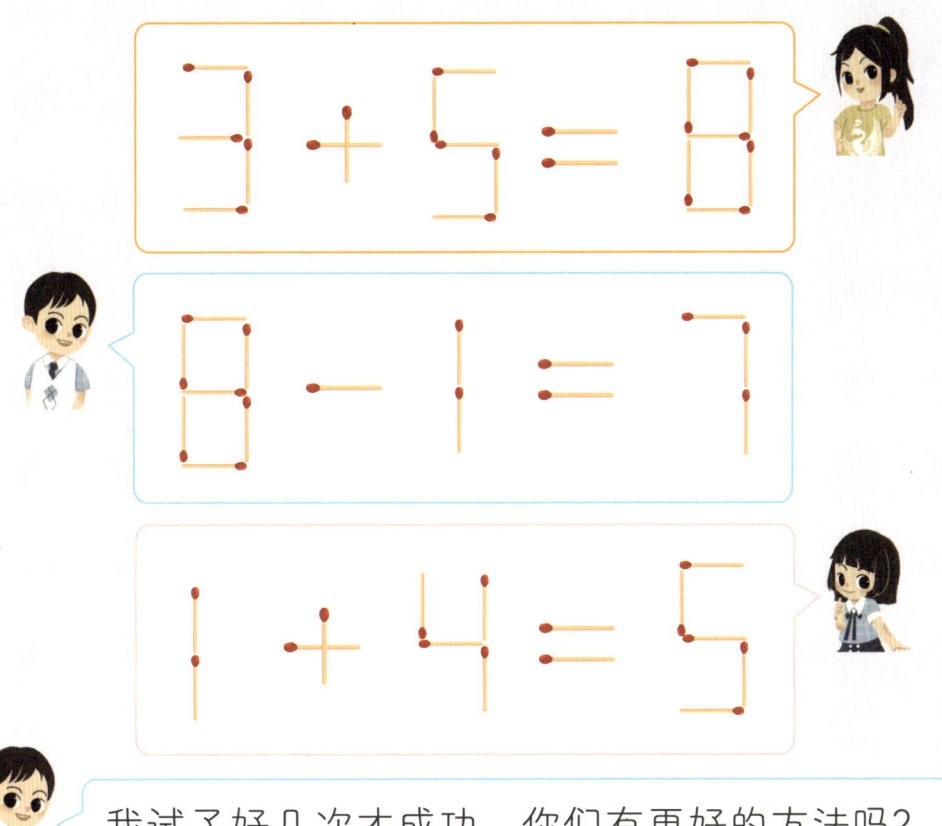

我试了好几次才成功,你们有更好的方法吗?

我是先观察,心里想着正确的算式,然后试着把错的改过来。

我是把答案进行了拆分,8可以分成3和5、1和7,5可以分成1和4,然后移动火柴棒,才成功的。

多试几次,耐心很重要!

 移动最少的火柴棒，让梯形改变方向。摆一摆，画一画。

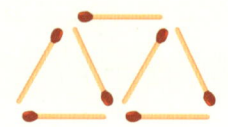

一起来交流

现在的梯形短横在上，长横在下，把右边的2根火柴棒移到左边，方向就倒过来了。

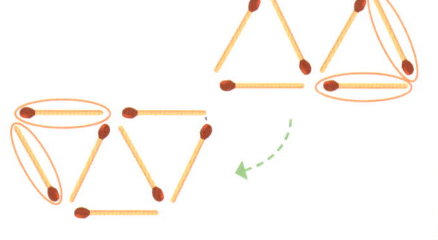

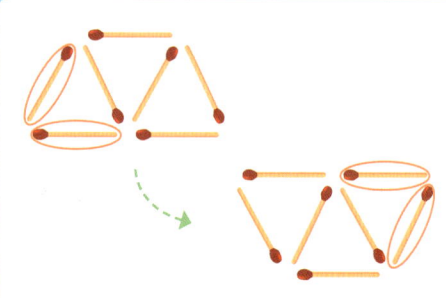

也可以把左边的2根移到右边，方向也会改过来。

文化链接 —— 火柴棒

细小的火柴棒不仅给我们带来了光明，也给我们的生活增添了许多乐趣。火柴棒在数学中也占有一席之地，通过玩火柴棒游戏，我们可以拼摆出各种各样漂亮的图案。火柴棒游戏不仅可以增加生活的趣味，还可以增长小朋友的智慧呢！

很多数学家也很喜欢玩火柴棒游戏，著名的数学家、剑桥大学数学教授哈代把自己大部分的业余时间都用在了火柴棒游戏的思考和钻研上。他把火柴棒游戏与数学问题联系起来，通过移动火柴棒，发现简单的一根火柴棒就可以改变一个数字的大小或是让一个等式成立。一根看似不起眼的火柴棒，就能引起大数学家的无限联想，真的是太有趣了！

 快和爸爸妈妈一起来挑战吧！

移动 2 根火柴棒，让小狗掉头走，你能做到吗？

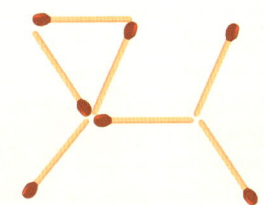

5 跟着人民币去旅行

扫码听讲解

活动一

人民币是我国的货币，上面的知识可不少呢！

你们知道哪些与纸币相关的知识呢？

纸币被看作是一个国家的"名片"，纸币上有人物形象，也有风景名胜。

让我们来看看第五套人民币上都有哪些人物形象和风景名胜吧！

 这些风景可真美啊！好想去看看。

那就让我们跟着人民币去旅行吧！

中国地大物博，山河壮美。有机会的话，就和爸爸妈妈一起去旅行吧。相信一定会让你收获满满。

走一走，看一看

第一站：三潭印月

先来看看1元人民币上的景点。

在杭州西湖中有三座石塔，像是三个宝葫芦，"长"在波光粼粼的西湖湖面上。这三座小小的石塔，被称为"三潭"。每到月朗天晴的中秋夜晚，这里是湖上赏月的最佳处，人们会在塔中点上灯，灯光从塔内透出，宛如一个个小月亮，倒映在湖水中。水中真月亮的影子和假月亮的影子难以区分，因此叫作"三潭印月"。明代诗人张宁面对这样的美景，心生感慨，便写出了"片月生沧海，三潭处处明"的名句。

第二站：泰山

再来看看5元人民币上的泰山。

泰山是中国五大名山之一，位居五岳之首，自古就有"天下第一山""五岳独尊"的美称。泰山巍峨雄壮，气势非凡，大自然的秀丽和神奇在山中都有展现。泰山的最高峰是玉皇顶，又称天柱峰，登上峰顶可以尽情观赏泰山的奇观美景——只见群峰间白云缭绕，山岳挺拔，活像一把把锋利的刃剑，直插云霄。这样的美景令古代的文人墨客对泰山十分景仰，留下不少令人拍案叫绝的诗文。唐代大诗人杜甫年轻的时候就曾登上泰山，写下了"会当凌绝顶，一览众山小"的佳句。

第三站：长江三峡·夔门

10元人民币上的风景是长江三峡。

在我国腹地，有一处令人叹为观止的自然景观——长江三峡，你了解吗？长江三峡是瞿塘峡、巫峡和西陵峡的总称，西起重庆市奉节县白帝城，东至湖北宜昌市南津关。悄悄告诉你，白帝城原来叫作子阳城。西汉末年，公孙述在山上筑城，发现城中有一井，常有白气冒出，就像一条白龙，从此以后，他自称白帝，并将所筑的城命名为白帝城。10元人民币上印的是三峡的夔门，是长江三峡中最具代表性的一个景点。这里峭壁如削，水流深急，山峰拔地而起，好像并开的两扇门，人们都说"夔门一推开，诗从天上来"。我国唐代大诗人李白一生游遍祖国的名山大川，最终也被这吞吐山河、饱览日月的壮美景象所吸引，写下了"朝辞白帝彩云间，千里江陵一日还。两岸猿声啼不住，轻舟已过万重山"这首脍炙人口的诗。

第四站：广西桂林·漓江

20元人民币带你游桂林山水哦！

桂林的山水自古就有"桂林山水甲天下"的美称。这里的山指象鼻山和伏波山，水指漓江。桂林的山石姿态万千，有的像大象的鼻子，有的像老人，还有的像骆驼……其中最著名的玉女峰宛如一位亭亭玉立，梳着云鬓的少女；望夫崖宛如一位深情地望着远方，默默等待丈夫归来的女子。

漓江的水与山峦相互呼应、缠绕，群山的倒影映在清澈的水中，异常美丽。20元人民币上的漓江，是桂林风光的精华，这里的每一处景致，都像一幅中国水墨画。唐代大诗人韩愈也曾以"江作青罗带，山如碧玉簪"的诗句来赞美这里的风景。

第五站：西藏拉萨·布达拉宫

50元人民币上的风景是拉萨的布达拉宫。

　　布达拉宫始建于公元7世纪，它依山而建，是西藏最庞大、最完整的古代宫殿建筑群。布达拉宫气势宏伟，恢宏壮观。它坐落在西藏自治区拉萨市区西北的玛布日山上，海拔3700米，因此被誉为"世界屋脊上的明珠"。布达拉宫的主体建筑分为白宫和红宫两部分，里面收藏和保存了极为丰富的历史文物，堪称是一座艺术的殿堂。这里还是汉族同少数民族团结友爱和国家统一的象征地，具有重要的历史、文化保护和研究价值。

第六站：北京·人民大会堂

跟着100元人民币参观人民大会堂吧！

小朋友，你知道多少关于人民大会堂的知识？

人民大会堂是我国国家领导人和人民群众举行政治、经济和文化活动的重要场所。

人民大会堂南北长336米，东西宽206米，高46.5米，比天安门的城楼还要高；占地面积15万平方米，建筑面积17.18万平方米。它的建筑平面呈"山"字形，两翼略低，中部稍高，四面开门，外表装有浅黄色的岩石，上面还有黄绿相间、色泽鲜明的琉璃瓦做的屋檐。整个建筑庄严雄伟、朴素大方，极具中华民族的特色和风格。

快和爸爸妈妈一起来挑战吧!

除了风景名胜,人民币上还有各种花卉,比如1元人民币上有兰花的图案。

其他面值的人民币上还有些什么花呢?和爸爸妈妈一起找一找,查一查,写一写吧!

6 大比拼

扫码听讲解

活动一

你们知道《西游记》中的主要人物有哪些吗?

有唐僧、孙悟空、沙僧、猪八戒……

我们来听听他们是怎样介绍自己的吧!

贫僧唐三藏,自东土大唐而来,去往西天取经。

俺是西天取经特派使者,花果山水帘洞的美猴王——齐天大圣孙悟空!我会七十二般变化,本领最强!

我是沙僧,又名沙悟净,同大师兄、二师兄一起保护师父唐僧去西天求取真经。

俺是猪八戒,原为天庭的天蓬元帅。取经路上辛苦,但俺也能苦中作乐,吃喝玩乐的本领数俺最强。

听到猪八戒说的话,孙悟空和沙僧并不服气。于是,他们开展了一场大比拼。

第一轮比拼的项目是喝果汁，比比看到底谁喝得最多！

随着唐僧一声令下，师兄弟三人大口地喝了起来，直到唐僧大喊一声："停！"比拼结束。

谁喝掉的果汁最多？
谁喝掉的果汁最少？

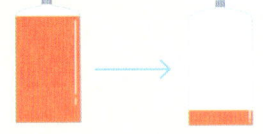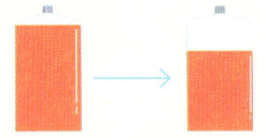

猪八戒高兴地说："沙僧，你输啦！我瓶子里的果汁最多，我是第一名。"融融，你认为猪八戒说的对吗？

我认为猪八戒说的是错的，沙僧剩下的果汁最少，说明他喝得最多；猪八戒剩下的果汁最多，说明他喝得最少。

6. 大比拼

> 一起来交流

比拼开始前，他们的果汁是一样多的，比拼结束时，果汁瓶上标★的部分，表示他们喝掉的果汁。沙僧的果汁瓶上标★的部分最多，猪八戒的最少，因此沙僧喝得最多。

我是这样想的，把它们的果汁平均分成8份，就可以很明显地看出，孙悟空喝了4份，沙僧喝了7份，猪八戒喝了2份，因此沙僧喝得最多，猪八戒喝得最少。

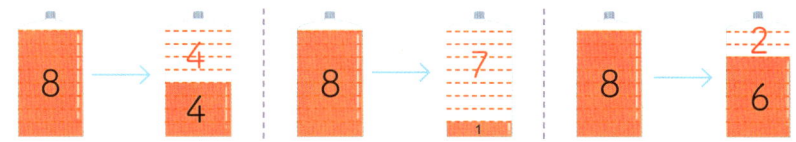

还有一种方法，最开始果汁是一样多的，右边是他们喝剩下的，沙僧剩下的最少，因此喝得最多；猪八戒剩下的最多，因此喝得最少。

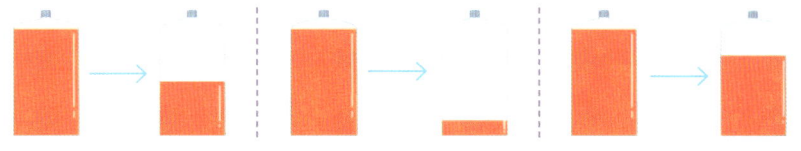

通过大家的讨论可以得知，第一轮比拼的获胜者是沙僧！

 第二轮比拼的项目是吃西瓜，谁会是胜利者呢？

 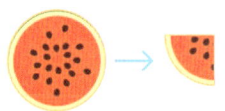

 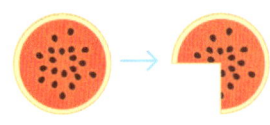

 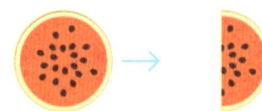

 我先说！孙悟空吃得最多，沙僧吃得最少。因为孙悟空剩下的西瓜最少，所以吃得最多；沙僧剩下的西瓜最多，所以吃得最少。

 我用了另外一种方法，把西瓜平均分成4份，空白表示他们吃掉的部分，孙悟空吃了3份，沙僧吃了1份，猪八戒吃了2份。因此孙悟空吃得最多，沙僧吃得最少。

 你们把前面说到的方法都用上了，真棒！下面我宣布，第二轮比拼的获胜者是孙悟空！

6. 大比拼

比一比 通过观察两轮比拼，你有什么发现？

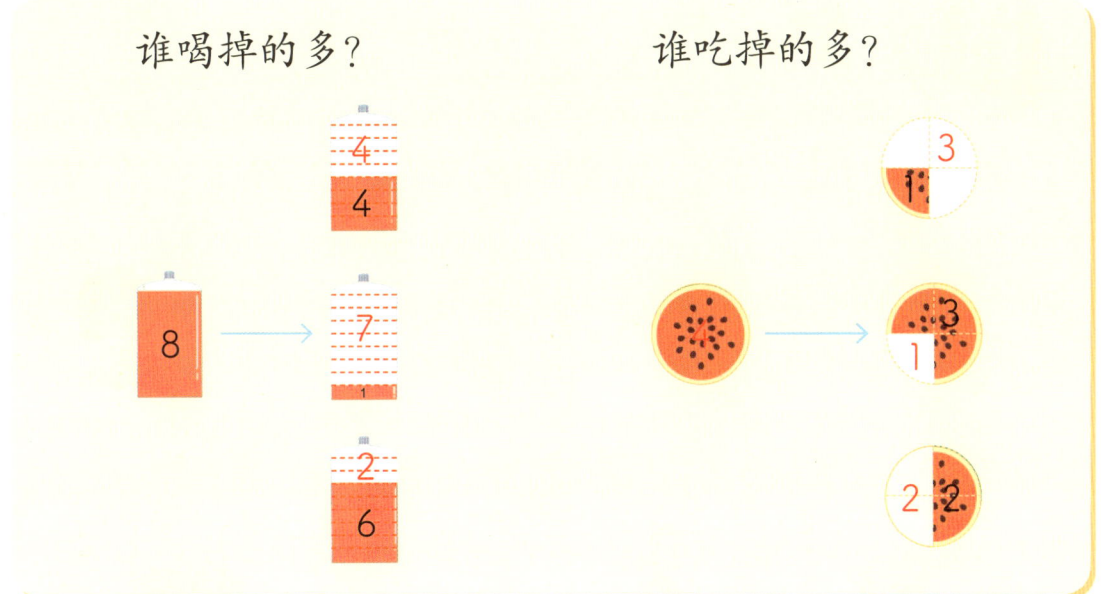

 第一轮喝果汁比赛，沙僧喝得最多，猪八戒喝得最少；第二轮吃西瓜比赛，孙悟空吃得最多，沙僧吃得最少。

把果汁和西瓜都平均分，每人喝掉的果汁和剩下的果汁加起来都等于8，每人吃掉的西瓜和剩下的西瓜加起来都等于4。

 大家吃同样多的东西，谁剩下的越多，说明他吃得越少；谁剩下的越少，说明他吃得越多。

第一轮比拼和第二轮比拼中,猪八戒都输了,因此他被淘汰出局!

孙悟空和沙僧进入决赛,他们要从幸福村往胜利村跑,在相同的时间内,看谁跑得更远。

一起来交流

我认为孙悟空跑得更远,他离胜利村还差3格,而沙僧还差5格!

6. 大比拼

我赞成！孙悟空确实跑得更远。把全程平均分成 10 格，孙悟空跑了 10－3＝7（格），沙僧只跑了 10－5＝5（格）。

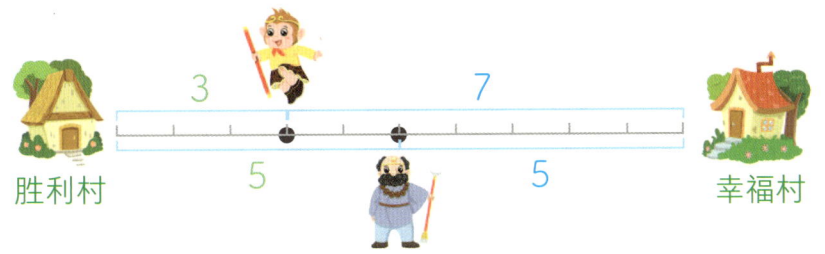

同样长的路，剩下越少，跑得越多；剩下越多，跑得越少。

文化链接　《西游记》

小朋友们，你们都知道《西游记》吧！《西游记》是我国古代最著名的四部文学名著之一，它的作者是明代的小说家吴承恩。《西游记》塑造了四个鲜明的人物形象，讲述了师徒四人历经九九八十一难去往西天取经的奇妙故事。

我们先来说说师父唐僧，他又名玄奘。唐僧心地善良，不被财色所迷惑，也不向取经路上的困难低头，凭着坚韧不拔的精神，终于完成了取经任务。要说最厉害的，还得是唐僧的大徒弟孙悟空，他自称"齐天大圣"。孙悟空生于一块灵石，后来因为大闹天宫，被如来佛祖压在五指山下五百年。孙悟空本领高超，不仅有驱邪避怪、保护师父的如意金箍棒做武器，还有能够识别妖怪的火眼金睛和七十二般变化。唐僧的二徒弟猪八戒，本是天庭的天蓬元帅，因为犯了错被赶出天庭，又投错猪胎，长成了长着猪鼻子、猪耳朵的怪模样。猪八戒也有许多的本领，譬如三十六变、腾云驾雾等，他的九齿钉耙也可以降妖除魔、护己杀敌。蓝色的脸，有着一头蓬松的、火焰似的头发的人是唐僧的三徒弟沙悟净。沙悟净本是天庭的卷帘大将，因为在蟠桃会上不小心打破了酒杯，被玉皇大帝贬出天庭。你们也可以亲切地称呼他为沙和尚或是沙僧。

他们师徒四人，一路西行，发生了许多惊心动魄的事，快找原著来读一读吧！

快和爸爸妈妈一起来挑战吧！

3 + 🌷 = 🌻 + 5 → 🌷 ○ 🌻

6 + ▲ = 1 + ■ → ▲ ○ ■

① 比一比：在○里填上 ">" 或 "<"。
② 算一算：例举数字，看看你做得对不对。
③ 说一说：和爸爸妈妈讲讲你思考的过程。

7 数字跷跷板

扫码听讲解

小朋友们，请你们猜个谜语：一匹马儿两人骑，这边高来那边低。虽然马儿不会跑，两人骑着笑嘻嘻。你们知道这是什么玩具吗？

我知道，我玩过，是跷跷板！跷跷板两头都坐人，重的一头会沉下去，轻的一头会翘起来，因此是"一匹马儿两人骑，这边高来那边低"。

我也玩过，两头一样重的时候会保持平衡。

你们玩过"数字跷跷板"游戏吗？今天就来试试吧！

数字十兄弟 0、1、2、3、4、5、6、7、8、9 玩跷跷板，6 坐在一头，让哪两个数坐在另一头，才能使跷跷板平衡呢？

可以让 1 和 5 坐在另一头。

也可以选择 2 和 4 或者 3 和 3。

3 和 3 不行，它们重复了，不能选相同的数。

算式 □＋□＝6 成立，跷跷板才能平衡。

数字十兄弟 0、1、2、3、4、5、6、7、8、9 玩跷跷板，7 和 4 坐在一头，让哪两个数坐在另一头，才能使跷跷板平衡呢？

一起来交流

先算出 7+4=11，右边的两个数相加是 11 就可以了。

看看下面的等式，还有别的填法吗？

7 + 4 = 11　　□ + □ = 11

□ + □ = 11　　□ + □ = 11

可以选 5 和 6，因为 5+6=11。

可以选 2 和 9，因为 11 可以分成 2 和 9。

还可以选 3 和 8。但这样随意选，可能会有漏掉的数。怎样选才不会漏掉呢？

我知道了，可以按顺序思考。按第一个加数从小到大的顺序思考就是：2+9、3+8、4+7、5+6，这样就不会漏掉了。

是的，按顺序思考就不会漏掉，从小到大或从大到小去思考都可以。

  数字十兄弟0、1、2、3、4、5、6、7、8、9玩跷跷板，交换其中的哪两个数，才能使跷跷板平衡呢？

一起来交流

 8＋6＝14，7＋5＝12，第一个算式的和比第二个算式的和大2。8和7交换后，第一个算式变成7＋6＝13，第二个算式变成5＋8＝13。

 还可以交换5和6，交换后，第一个算式变成5＋8＝13，第二个算式变成7＋6＝13。

8比7多1，6比5多1，因此第一个算式总共比第二个算式多2，交换7和8，或6和5，跷跷板两边就平衡了。

 跷跷板的一边多2，只需要交换相差1的数就可以了。

1. 数字跷跷板

试一试 交换跷跷板上的哪两个数,才能使跷跷板平衡呢?

一起来交流

第 ❶ 题左边是 4+5=9,右边是 6+7=13,右边数的和比左边数的和大 4,要交换相差为 2 的两个数。所以交换 6 和 4,或 5 和 7,交换后两边的和都等于 11。

第 ❷ 题交换 6 和 3 或 4 和 7 都可以。因为左边数的和比右边数的和大 6,交换后两边的和都等于 10。

第 ❸ 题我试过了,右边数的和比左边数的和大 5,不管交换哪两个数都不行。

数字跷跷板上每边有两个数的时候,一边比另一边多出的是双数时,才可以交换数字,使跷跷板平衡。

动手操作 交换跷跷板上的哪两个数,才能使跷跷板平衡呢?

一起来交流

第 ❶ 题左边是 5+9+8=22,右边是 7+6+1=14,左边数的和比右边数的和多 8,要交换两个相差是 4 的数。因此交换 5 和 1,交换之后两边的和都等于 18。

第 ❷ 题左边加起来是 15,右边加起来是 21,右边数的和比左边数的和多了 6,要交换两个差是 3 的数。因此 8 和 5 交换,跷跷板就平衡了。

记得要检验一下交换之后的结果哦!

7. 数字跷跷板

 **快和爸爸妈妈一起来挑战吧!**

❶ 试一试：把 2、3、4、5、6、7、8、9 这 8 个数字宝宝都放在跷跷板上，使跷跷板平衡。

❷ 玩一玩：你能和爸爸妈妈设计一个数字跷跷板游戏吗？

❸ 说一说：你们设计的数字跷跷板游戏的规则是什么呢？和爸爸妈妈一起玩一玩你们设计的游戏吧，并说一说你的理由。

8 巧数方块

扫码听讲解

一起来玩数方块的游戏吧!

你知道这个方格图里一共有多少个方块吗?

有 100 个方块,因为图里有 10 行 10 列,10 个 10 是 100。

没错!今天我们就在这个百格图中数一数**涂色方块**的个数吧!

8. 巧数方块

动手操作

❶ 数一数：每幅图中一共有多少个涂色方块？

❷ 想一想：你是怎么数的，有没有更简单的方法呢？

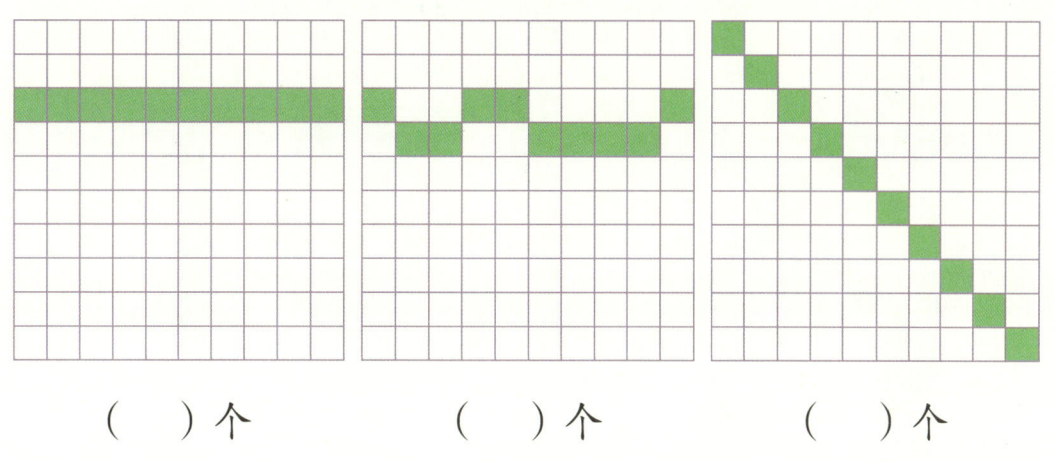

（　）个　　　（　）个　　　（　）个

一起来交流

这三幅图中都有 10 个涂色方块，我是 1 个 1 个数的。

我是把它们都移成像第一幅图那样的一行再数的，也是 10 个涂色方块。

把涂色方块移动到一起之后再数真方便，再来试试看！

动手操作

1. 数一数：每幅图中一共有多少个涂色方块？
2. 想一想：你是怎么数的，有没有更简单的方法呢？
3. 比一比：这两幅图用的方法一样吗？

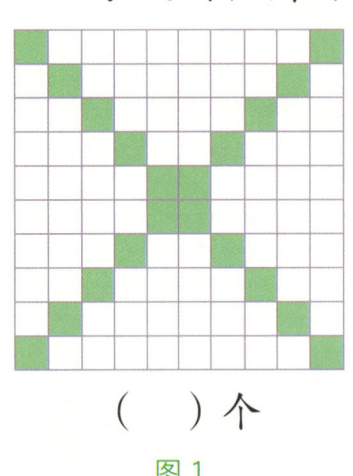

（　）个

图1

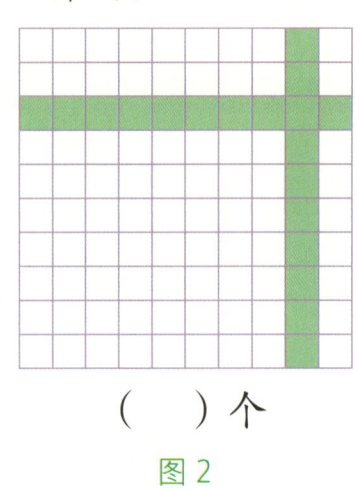

（　）个

图2

我是把图1的涂色部分移到一起数的。

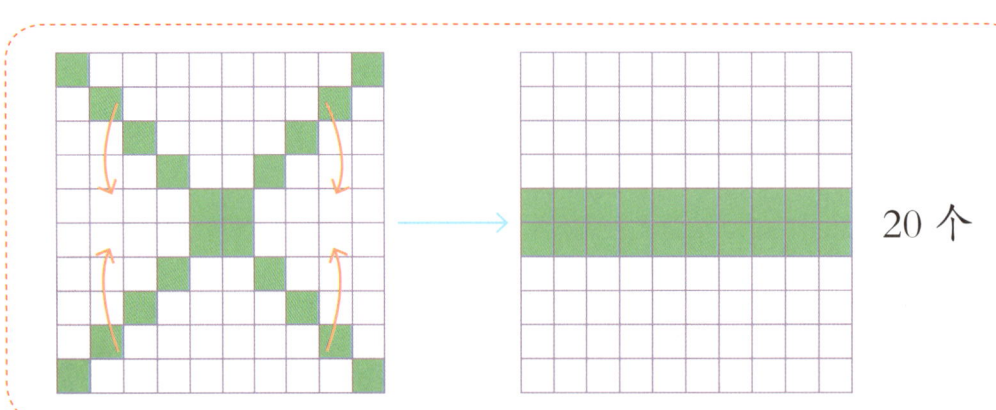

20个

8. 巧数方块

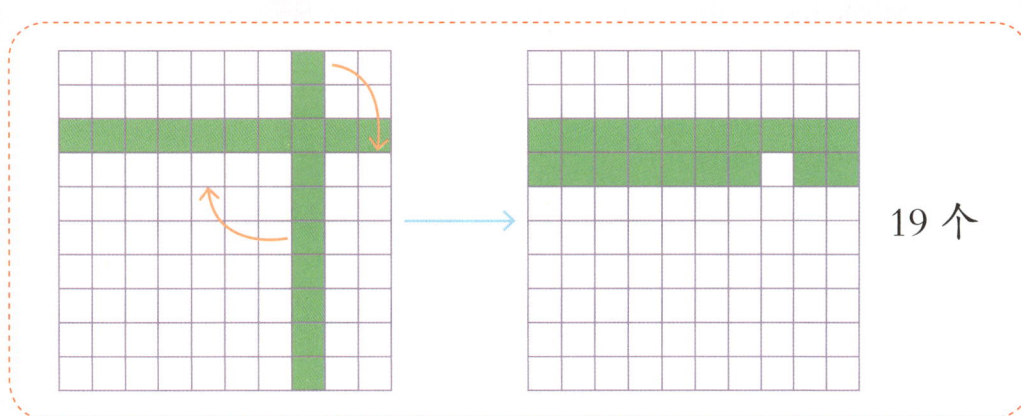

19 个

 图 1 我是斜着看的：10＋10＝20（个）；
图 2 我是这样算的：10＋10－1＝19（个）。

图 2 不是 10＋10＝20（个）吗？为什么要减 1？

 数格子的时候要仔细观察，多数的 1 个格子要减掉。再来试试吧！

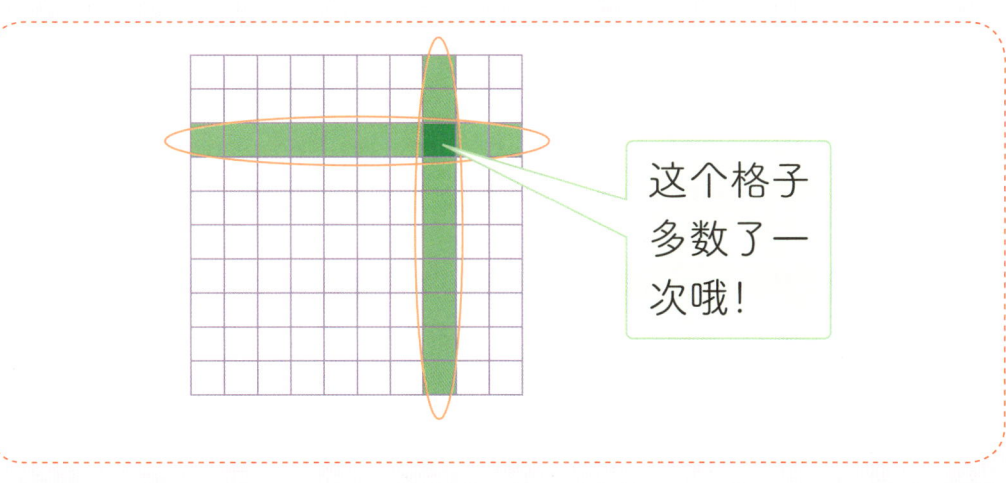

这个格子多数了一次哦！

动手操作

❶ 数一数：每幅图中一共有多少个涂色方块？

❷ 想一想：你是怎么数的，怎么数最简单呢？

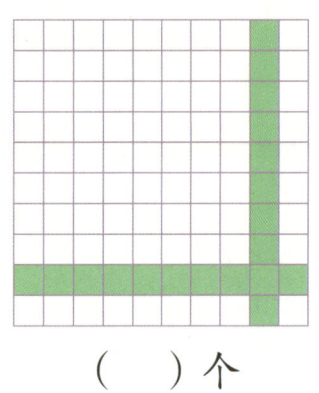 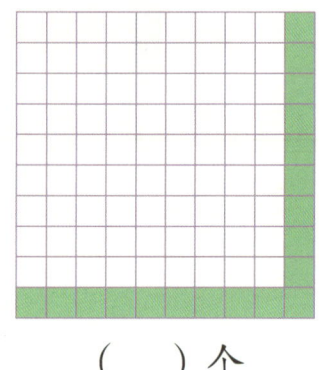

（　　）个　　　　　　（　　）个

一起来交流

我是把涂色部分移到一起数的。

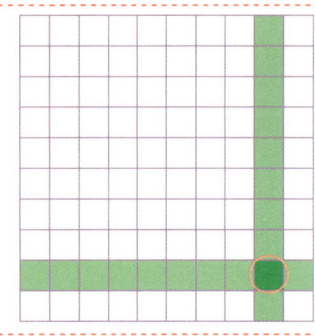 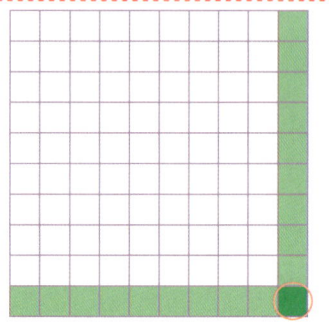

 我是按行、列数的，涂色部分都是1行、一列，再减去重复的1个，也就是19个。

没错，所以都可以直接用算式计算：$10+10-1=19$（个）。

8. 巧数方块

你能快速计算出下面各图中分别有多少个涂色方块吗？

一起来数一数，并用算式表示出来吧！

动手操作　先数一数，用算式表示出来，再想一想，有几个方块数重复了？

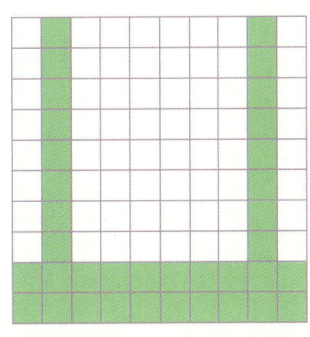

你发现了什么数方块的好方法？

一起来交流 在数方块的时候,你们发现有什么共同点吗?

 我发现每次都是先数有几排,把它们加起来,再减去重复数的方块,就是涂色方块个数了。

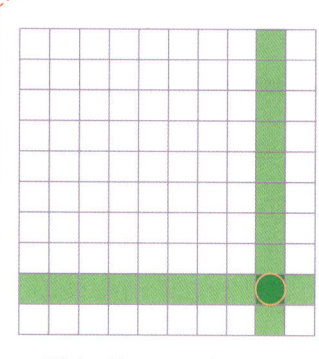

重复数了 1 个
10+10−1=19(个)

重复数了 2 个
10+10+10−2=28(个)

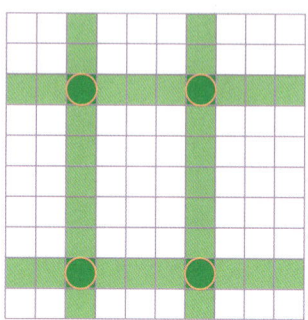

重复数了 4 个
10+10+10+10−4=36(个)

先数几排,重复数了几个方块就减去几。

 快和爸爸妈妈一起来挑战吧!

围棋棋盘的**最外层**,每边都有 19 个格点,最外层一共可以摆放多少颗棋子?(棋子摆在格点上)

❶ 想一想:棋盘最外层**每边**能摆放多少颗棋子呢?

❷ 算一算:**最外层**一共可以摆放多少颗棋子?还有别的算法吗?

9 四连方游戏

扫码听讲解

 你知道什么叫作连方吗？

 你们见过 ▢▢ 这样的图形吗？我们把 2 个完全相同的小正方形相连成块，称作二连方。

那也就是说，3 个完全相同的小正方形连成块，就叫作三连方。比如像图 1 这样。

图 1

 完全相同的几个小正方形连成块，相邻的两个小正方形相连的两边，必须完全重合，才叫作连方。**像下面这样连接的图形都不叫连方哦！**

  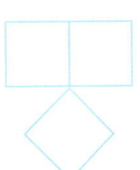 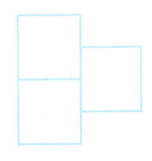

来试着玩一玩四连方吧！

动手操作 用4个小正方形可以拼成很多好玩的四连方。你能拼出哪些不同的四连方呢？请试一试，画一画！

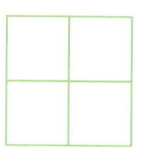

我拼出了长方形和正方形。

看我的！我只要移动1个正方形，就可以变化出多个不同的四连方。

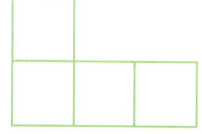  

9. 四连方游戏

小朋友，你拼出不同的四连方了吗？下面的格子图中有你拼成的四连方吗？如果有，请把它涂上颜色。

我们把下面的四种图都归为同种四连方，因为旋转后它们会重合。

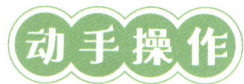

动手操作 把相同形状的四连方涂上同一种颜色。

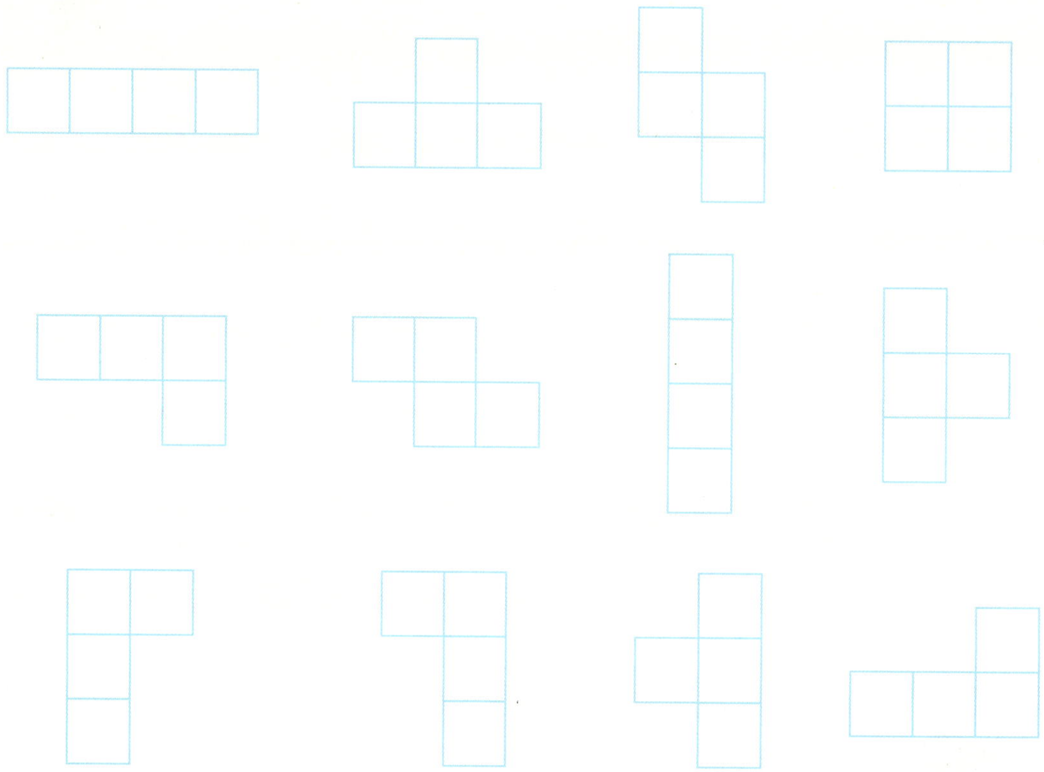

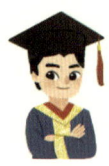

聪明的小朋友，想一想还有哪几种不同形状的四连方？画一画吧。

9. 四连方游戏

  你能用相同的四连方拼出大正方形吗?

我们知道可以用 4 个相同的四连方拼成一个大正方形,如右图。

想一想,还有哪些相同的四连方也可以拼成一个大正方形呢?在它下面的( )里画"√"。

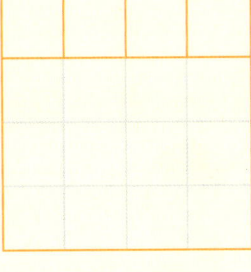

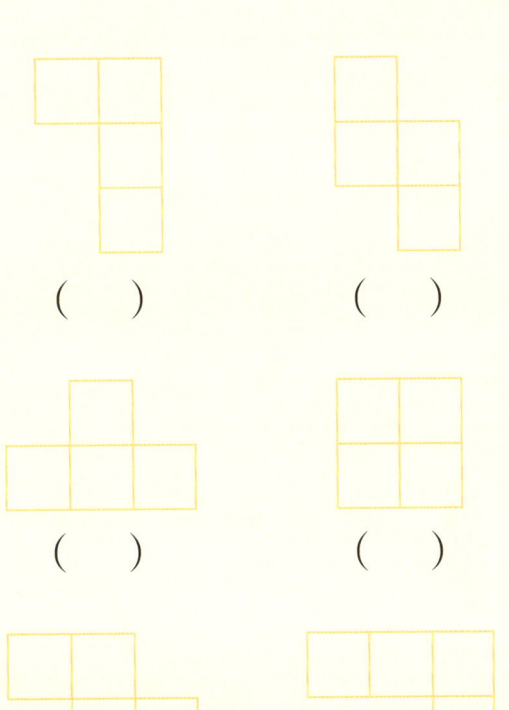

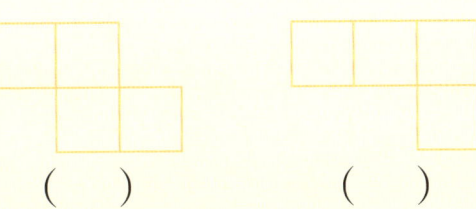

 俄罗斯方块是一种有趣的拼图游戏,有下面7种基本图形。

 试着用以上任意图形拼出一个大正方形吧!

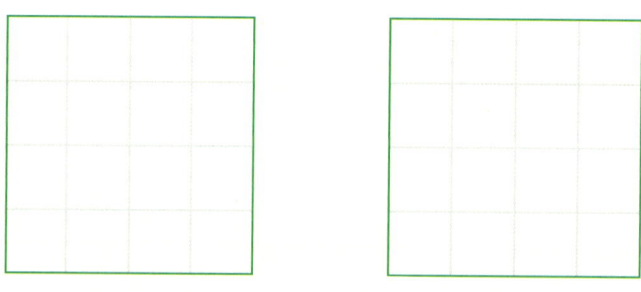

 快和爸爸妈妈一起来挑战吧!

和爸爸妈妈一起了解俄罗斯方块的游戏规则,再来一起玩一玩吧!

10 身体上的"尺子"

扫码听讲解

  给你一张课桌，你能量出它的长度吗？

 我想知道课桌桌面的长大约是多少，但是我没有带尺子。

我知道可以用拃（zhǎ）作"尺子"，量出桌面的长度。

 原来我们身体上就带着"尺子"啊！身体上还有哪些尺子呢？

 身体上的"尺子"。

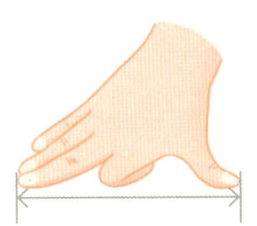  

张开大拇指和中指，两端的距离为"一拃"。

两臂向左右伸开的长度为"一庹（tuǒ）"。

行走时两脚尖的距离为"一步"。

身体上的尺子还有"一脚""一拳""一指"等。

活动二

 用身体上的尺子可以量什么呢?

可以用"一拃"量衣服的长度。

 我用"一步"量家到学校的距离。

还可以用"一庹"量树有多粗。

 请你找一张桌子量一量。

 我量出来的桌面长是5拃还差一点点。

我量出来的和你的不一样,我量出来的有5拃多。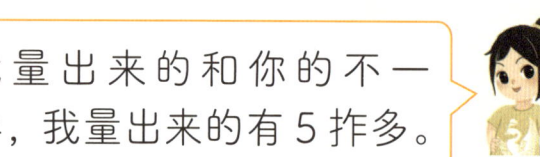

 每个人身体上的尺子都不一样。先来了解一下自己现在身体上的"小尺子"吧!

10. 身体上的"尺子"

活动二

小朋友，请量一量你身体上的"小尺子"。

你身体上有哪些"小尺子"呢？量一量，填一填。

身体上的"小尺子"	量一量
我的"一拃"长	大约（　　）厘米
我的"一庹"长	大约1米多（　　）厘米
我的"一步"长	大约（　　）厘米
我的"一脚"长	大约（　　）厘米

动手操作 用你身体上的"小尺子"量一量。

量什么	用什么身体尺	几个身体尺
如：桌面长	拃	5拃

侨侨，你知道1米大约有几拃？大约有几步？大约有几脚长？

我知道，先量出1米，再用这些"身体尺"量一量。

	猜一猜	测一测
1米	大约（　　）拃	大约（　　）拃
	大约（　　）脚	大约（　　）脚
	大约（　　）步	大约（　　）步
	比1庹（多　少）	比1庹（多　少）

1米大约有我的2步长。

1米大约有我的5脚长。

1米大约有我的7拃长。

1米比我的1庹少一点。

小朋友们还在长身体，随着时间的推移，我们的"身体尺"也会发生变化哦。

你知道吗？ 身体上的数学秘密。

我拳头一周的长是18厘米，脚长是19厘米，长度很接近。

我两臂伸开一庹的长是118厘米，身高是120厘米，长度也很接近。

人的身高约等于双臂平伸的长度，一个成人的身高大约是头长的7倍。

身体尺子的应用

如果你想知道树有多高，影子可以帮你的忙。你只要量一量树的影子和自己影子的长度，再根据下面的公式进行计算即可。

树的高度＝树影长×人身高÷人影长。

如果你想知道前面的山距离你有多远，可以请声音帮你量一量。声音大约每秒走340米，你对着山喊一声，测一下听到回声的时间就可以了。

山与你的距离＝340米/秒×听到回声的时间÷2。

古代是如何计量长度的

小朋友们，你们知道在古代生产力较低的情况下，我们的祖先是用什么方法来测量物品的长度的吗？相传在古代，大禹在治水时就曾利用自己的身体长度作为标准，对治水工程进行测量。简单来说，就是以人的身体作为工具，对实物进行测量。久而久之，我国古代的计量单位，就演变成了人体的某个部位。比如"布指知寸""布手知尺"和"举足为跬"就是古代计量长度的成语。

"布指知寸"指以手指的宽度为标准，一个手指宽度为一寸；"布手知尺"指以大拇指和食指张开后的指尖距离为一尺；"举足为跬"就更容易懂了，战国时期的政治家商鞅规定"举足为跬，倍跬为步"，意思是说单脚迈出一次为"跬"，双脚相继迈出为"步"。可以说，"跬"在古代社会，是最小的土地测量单位。连战国末期的思想家荀子也曾在《劝学》中言："不积跬步，无以至千里。"意思就是说："不积累一步半步的行程，就没办法到达千里以外的行程。"他告诉我们做事情要一点点地积累，才能达到目的。战国时期重要的文献《谷梁传》也记载着："古者，三百步为里。"至唐太宗李世民时期，他把自己左右脚各走一步，作为统一的长度单位，称为"步"，并且规定，一步为五尺，三百步为一里。

中国古代的"步"

中国古代的"步"不同于我们现在平常所说的步,"步"是中国古代的计量单位,用来丈量土地。周代以八尺为一步,秦代以六尺为一步。《孙子算经》里有记载:

长度单位中 1 丈 = 10 尺,1 尺 = 10 寸,1 步 = 6 尺,1 里 = 300 步 = 1800 尺,240 平方步为一亩。

 快和爸爸妈妈一起来挑战吧!

小朋友们,你能用"一步长"测量比较远的距离吗?比如你家到附近公园的距离,或你家到学校的距离等。

先想好你要测量哪里到哪里的距离,再和爸爸妈妈分别用"一步长"量一量,比一比。

❶ 我们测量的是从_____到_____的距离,是____米。

❷ 我是这样测量的,我的一步是_____厘米,一共走了_____步,这段距离大约是_____米。

❸ 我的爸爸(或妈妈)一步是_____厘米,一共走了_____步,这段距离大约是_____米。

11 蚂蚁排排走

扫码听讲解

谜语
身小力不小,团结又勤劳。
有时搬粮食,有时挖地道。
（打一小动物）

 融融,你知道这是什么小动物吗?

我知道,是蚂蚁。

 没错,蚂蚁是一种特别甘于奉献,有团结合作精神的昆虫。它们齐心协力、秩序井然……

看,蚂蚁队长带领着整齐的队伍,过来了!

团结一心,其利断金!大家跟我走,一起去搬食物。

蚂蚁队长说：从前面数起，我排第 5，我后面还有 8 只蚂蚁。我的队伍一共有几只蚂蚁呢？

侨侨，有什么办法知道这队蚂蚁有几只吗？

融融，我们可以用 ◯ 和 △ 代表蚂蚁来画一画，想一想，再来算一算。

哦！侨侨，我画出来了，你看：

◯◯◯◯△◯◯◯◯◯◯◯◯

我用 △ 代表蚂蚁队长，用 ◯ 代表其他蚂蚁，这样我的算式是 5＋8＝13（只）。

融融，我是这样画的：

我的算式是：4＋1＋8＝13（只）。

 融融和侨侨的方法有什么不同？

融融　○○○○△　○○○○○○○○
5+8=13（只）

侨侨　○○○○　△　○○○○○○○○
4+1+8=13（只）

 我和侨侨的计算结果相同，但过程不同。

是的，我们都算对了，都用 △ 来代表蚂蚁队长。

 融融的算式 5+8=13 中，5 表示包含蚂蚁队长在内的前面 5 只蚂蚁，8 表示蚂蚁队长后面的 8 只蚂蚁，所以 5+8=13（只）；侨侨的算式 4+1+8=13 中，4 表示蚂蚁队长前面的 4 只蚂蚁，1 表示蚂蚁队长，8 表示蚂蚁队长后面的 8 只蚂蚁，所以 4+1+8=13（只）。

团结一心,其利断金!又有两队蚂蚁一起搬食物去了。

一号队伍  ……  ……

二号队伍  ……  ……

一号蚂蚁队长说:我的前面有 5 只蚂蚁,我的后面有 8 只蚂蚁。你知道我的队伍一共有几只蚂蚁吗?

二号蚂蚁队长说:从前面数起我排第 5,从后面数起我排第 8。你知道我的队伍一共有几只蚂蚁吗?

这两个问题有点难度,小朋友们快动手摆一摆,画一画吧!

动手操作

❶ 摆一摆：用 △ 代表蚂蚁队长，用 ◯ 代表其他蚂蚁，把蚂蚁队伍摆出来。

❷ 画一画：把摆出的队伍画下来，并列式计算。

❸ 说一说：算式各部分的意义。

一号队伍：

算　　式：

二号队伍：

算　　式：

一起来交流

小朋友们完成了吗？我们来看看侨侨是怎么算的。

一号队伍：

算　　式：5+1+8=14（只）

二号队伍：

算　　式：5+8-1=12（只）

融融,你知道算式各部分表示的意义吗?为什么一号队伍加1?

我知道,我是这样算的:

一号队伍:

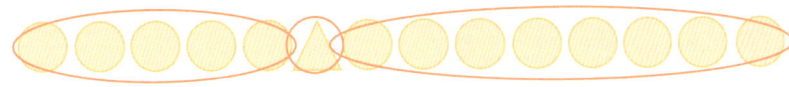

算式:5+1+8=14(只)

"5"表示蚂蚁队长前面的5只,"1"表示蚂蚁队长,"8"表示蚂蚁队长后面的8只,14表示这队蚂蚁一共有14只。

那为什么二号队伍要减1呢?

这是因为二号队伍是这样算的:

二号队伍:

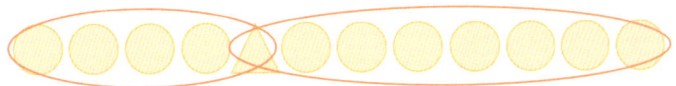

算式:5+8-1=12(只)

"5"表示包括蚂蚁队长在内的前面的5只,"8"表示包括蚂蚁队长在内的后面的8只,"1"表示蚂蚁队长多算了一次,所以要减1,12表示这队蚂蚁一共有12只。

比一比 对比分析

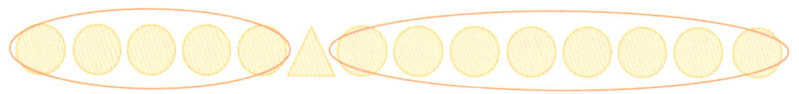

5＋1＋8＝14（只）　少算了要加 1

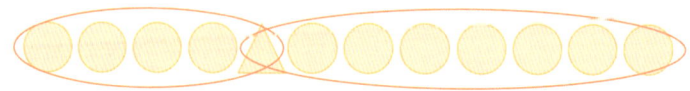

5＋8－1＝12（只）　重复算了要减 1

文化链接

蚂蚁小百科

蚂蚁是一种昆虫，别名蚁、玄驹、昆蜉、蚍蜉，属节肢动物门，蚁科。蚂蚁的种类繁多，已知世界上有 11700 多种，有 21 亚科 283 属，中国境内已确定的蚂蚁种类有 600 多种。

蚂蚁是拥有许多"之最"的昆虫：最聪明、最有组织、最勤劳、数量最多、最有优势；它们比人类更古老、更乐于合作、更爱交流，它们是一群天才的艺术家。

蚂蚁"识路"

蚂蚁小而聪明，完美的生理构造使得它们能经受住种种考验。沙漠箭蚁懂得利用太阳发出的偏振光回巢，而亚马逊蚂蚁通过记住视觉参照物来识路。

蚂蚁的"语言"

蚂蚁体内有一套腺体，该腺体可以根据不同需要，散发出不同的化学物质，来传达彼此需要的 20 多种信息。

蚂蚁的"力气"

蚂蚁虽小，可是它有很大的力气。如果称一下蚂蚁的体重和它所搬运物体的质量，你就会感到十分惊讶——它所举起的质量，竟超过它的体重差不多 100 倍。

亲子乐园 快和爸爸妈妈一起来挑战吧！

我叫"小小"。

在一次舞蹈表演中，18 只蚂蚁排成一队，从右往左数小小是第 8 个，从左往右数它排在第几个？

❶ 摆一摆：用 △ 代表小小，用 ○ 代表其他蚂蚁，把蚂蚁队伍摆出来。

❷ 画一画：把摆出的队伍画下来，并列式计算。

❸ 说一说：算式各部分的意义。

12 摆正方形游戏

扫码听讲解

 活动一

找 8 根同样长的小棒或火柴棒，来玩"摆正方形游戏"吧！

融融，我们用小棒来玩"摆正方形游戏"吧！

这游戏简单，4 根小棒就可以摆一个正方形了！

那我们来摆多个正方形怎么样？

好啊，一起来玩一玩吧！

融融，你觉得摆两个正方形需要几根小棒呢？

用 8 根小棒吧！

我可以用 7 根哦！

不会吧？

动手摆一摆就知道啦！

12. 摆正方形游戏

动手操作 摆两个正方形需要几根小棒？

① 摆一摆：用小棒或火柴棒摆出两个正方形。
② 画一画：把你摆出的图形画下来。
③ 说一说：把算式写出来，说一说算式各部分表示的意义。

画一画：

算　式：

比一比

我是这样摆的：4＋4＝8（根）。

我摆的方法跟你不一样，4＋3＝7（根）。

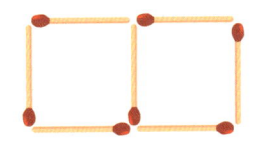

你的方法真不错，我们再试试。

  难度升级喽,再来挑战一下吧。

 我们试试摆三个正方形需要几根小棒吧!

我猜需要 10 根,因为有 2 根小棒可以一起用。

 我们一起摆一摆,看看你猜得对不对。

动手操作 摆三个正方形需要几根小棒?

❶ 摆一摆:用小棒或火柴棒摆出两个正方形。
❷ 画一画:把你摆出的图形画下来。
❸ 说一说:把算式写出来,说一说算式各部分表示的意义。

画一画:

算　式:

可以这样摆：
4＋4＋4＝12（根）。

也可以这样摆：
12－2＝10（根）。

还可以这样摆，也都是用 10 根。

后面三种摆法有什么共同点呢？我们发现 12－2＝10（根）。

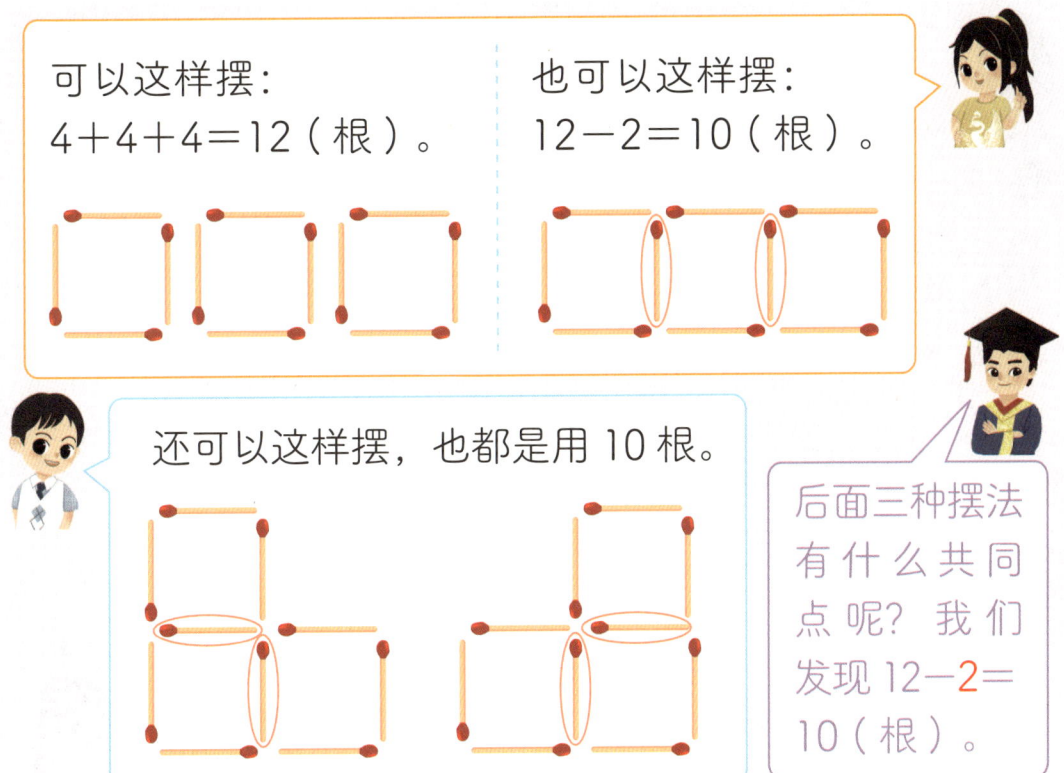

比一比 观察下面摆的正方形，你有什么发现？

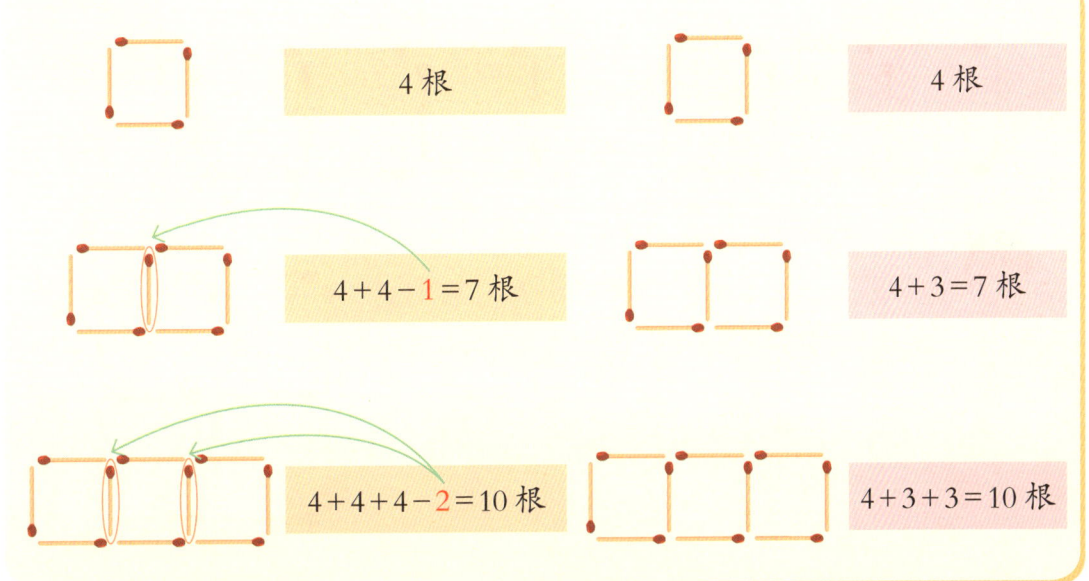

4 根　　　　　　　　　　4 根

4＋4－1＝7 根　　　　　4＋3＝7 根

4＋4＋4－2＝10 根　　　4＋3＋3＝10 根

动手操作 摆四个正方形最少需要几根小棒或火柴棒？

① 猜一猜：摆四个小正方形，至少需要（　　）根小棒或火柴棒。

② 摆一摆：用小棒或火柴棒摆出四个正方形。

③ 画一画：把你摆出的图形画下来，并列式计算。

画一画：

算　式：

一起来交流

我用了 13 根火柴棒。
可以这样摆：
$4 \times 4 - 3 = 13$（根）。

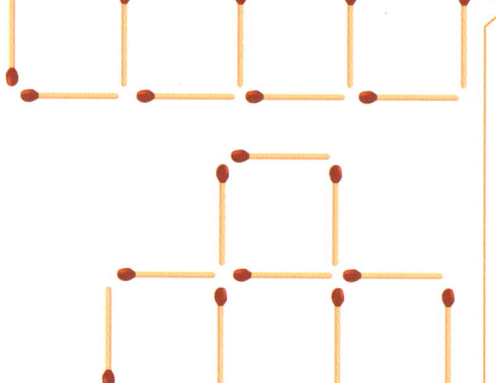

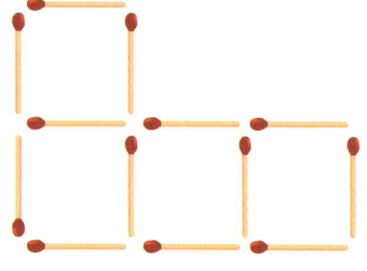

我只要 12 根火柴棒就可以哦！
$4 \times 4 - 4 = 12$（根）。

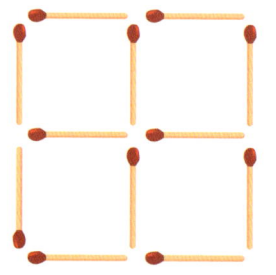

你们搭得好棒！不过我发现火柴棒连接处数量不一样。

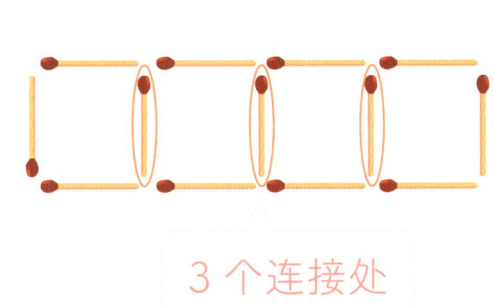

3 个连接处

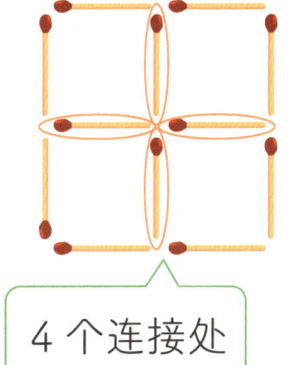

4 个连接处

连接处越多，火柴棒用的数量就越少。

快和爸爸妈妈一起来挑战吧！

摆 14 个小正方形**最少**需要多少根小棒或火柴棒？
怎样摆，小棒或火柴棒用的数量最少呢？

13 图形背后的数

扫码听讲解

活动一

 我来出两道题考一考你们。
3＋＝10　　□＋5＝13

 你们知道上面的 ○ 和 □ 分别代表什么数吗？

因为 3＋7＝10，所以 ○ 代表 7；因为 8＋5＝13，所以 □ 代表 8。

 我是这样想的，○＝10－3＝7，□＝13－5＝8。因此 ○ 代表 7，□ 代表 8。

你们真厉害，再来试一试别的题吧！

算一算 下面算式里的 ○ 和 □ 分别代表什么数？

○＋○＝14　　□＋□＝10

○＝（　　）　　□＝（　　）

一起来交流

 要是不能直接用刚才的加减法计算出来，还能怎么办呢？

我们可以一个数一个数地去试。因为 7＋7＝14，所以 ◯ 代表 7。

 有没有更简单的方法呢？

我想也可以这样：14 可以分为 7 和 7，所以 ◯ 代表 7。

 为什么要把它们分成两个一样的数呢？

因为两个都是 ◯，所以两个 ◯ 代表的数是一样的。

 我知道了，那 ▨ 就代表 5，因为 10 可以分成 5 和 5。

试一试 下面算式里的 ⬤ 和 ▇ 分别代表什么数？

⬤ + ▇ = 15

⬤ = (　　)　　▇ = (　　)

一起来交流

我觉得答案有很多，比如 1+14=15，2+13=15，3+12=15……这些都有可能是 ⬤ 和 ▇ 代表的数。

刚才我们找的 ⬤ 和 ▇ 都只有一个答案，为什么现在有这么多答案呢？

刚才有一个数是确定的，剩下的数就可以算出来了。现在两个数都不知道，因此没办法确定。

是的，两个数都不确定，会有多种情况。

再来算一算吧!

○ + □ = 15   ○ + ○ = 14

增加一个信息后,你能确定 ○ 和 □ 分别代表几了吗?

这样可以确定了,因为 ○ + ○ = 14,所以 ○ 代表 7,那么 □ 就代表 8 了。

是的,根据 ○ + ○ = 14 求出 ○,○ 确定了,那么 □ 就可以算出来了。

我知道,我是这么算的:14 可以分成两个 7,因此 ○ 就是 7,7 + □ = 15,那么 □ 就是 8。

你们真会思考,再来试试!

试一试

挑战一

4 − ★ = ★, ■ + ★ = 14

★ 和 ■ 分别表示多少？说一说你是怎么想的。

★ = (　　　)　　■ = (　　　)

挑战二

★ + ★ + ★ = 6, ■ + ★ = 10

★ 和 ■ 分别表示多少？说一说你是怎么想的。

★ = (　　　)　　■ = (　　　)

挑战三

14 − ★ − ★ = 2, ■ + ★ = 14

★ 和 ■ 分别表示多少？说一说你是怎么想的。

★ = (　　　)　　■ = (　　　)

挑战四

★ + ★ + 6 = 10, ■ − ★ = 10

★ 和 ■ 分别表示多少？说一说你是怎么想的。

★ = (　　　)　　■ = (　　　)

挑战成功了吗？把数字代进去试一试。

13. 图形背后的数

活动二

 再来试一试别的题目吧！下边的图，你知道是什么意思吗？

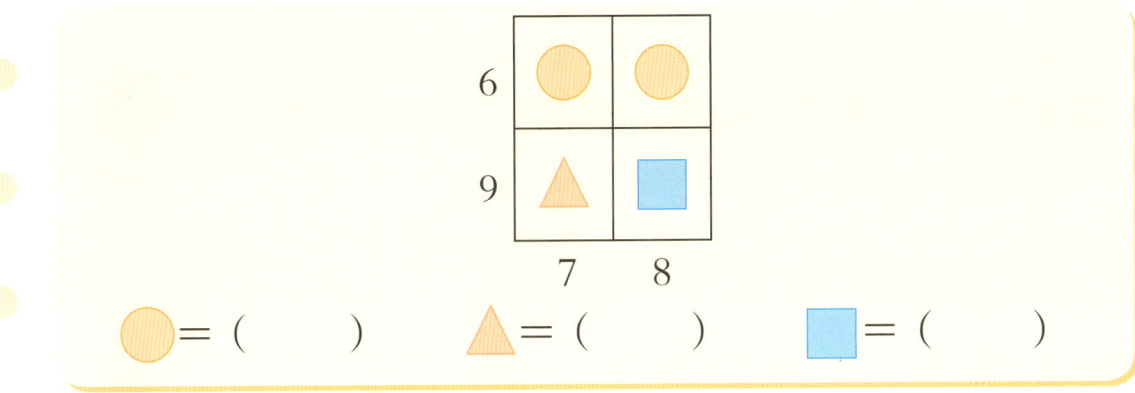

 横着看，○+○=6，△+□=9。

也可以竖着看，○+△=7，○+□=8。

 请选出你需要的信息，然后求出这些图形分别代表几。

我选择○+○=6，○+△=7，○+□=8。我的算法是这样的：先算出○=3，再算出△=7−○=4，那么□=8−○=5。

我的算法不太一样,我选择 ● + ● = 6, ● + ▲ = 7, ▲ + ■ = 9。先算出 ● = 3, 再算出 ▲ = 7 − ● = 4, 那么 ■ = 9 − ▲ = 5。

我还有其他算法,我选择 ● + ● = 6, ● + ■ = 8, ▲ + ■ = 9。先算出 ● = 3, 再算出 ■ = 8 − ● = 5, 那么 ▲ = 9 − ■ = 4。

我发现咱们都先选了 ● + ● = 6 这条信息,为什么呢?

因为从 ● + ● = 6 这条信息可以知道 ● 代表几。

那另外两条信息你们是怎么选的呢?

要先选跟 ● 有关的信息,这样就可以求出其他图形代表几了。

是的,我们要先找到关键信息,确定其中一个图形代表几,再找跟这个图形相关的信息哦!

动手操作 求出下面各个图形代表的数。

❶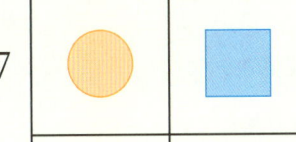

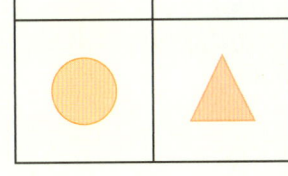

❷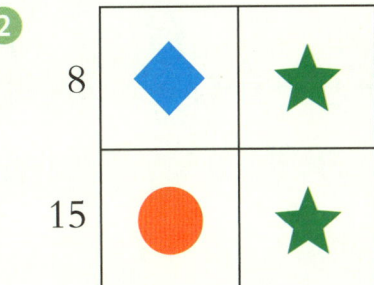

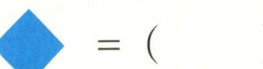

❸

❹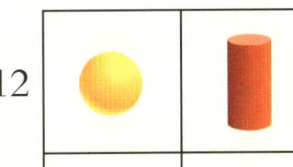

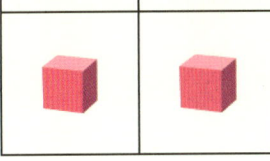

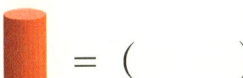

算好之后，记得将数字代进去试一试哦。

快和爸爸妈妈一起来挑战吧！

和爸爸妈妈一起算一算，下面的图形各代表什么数？

● + ● = ◎
◎ － 8 = ●
● = （　　　）　　◎ = （　　　）

你能自己设计一个用图形代表数的游戏吗？你想选择什么图形呢？你想用这些图形表示什么数字呢？和爸爸妈妈一起试一试，玩一玩吧！

14 摆圆片游戏

  你认识下面这些图形吗？它们各有几条边？

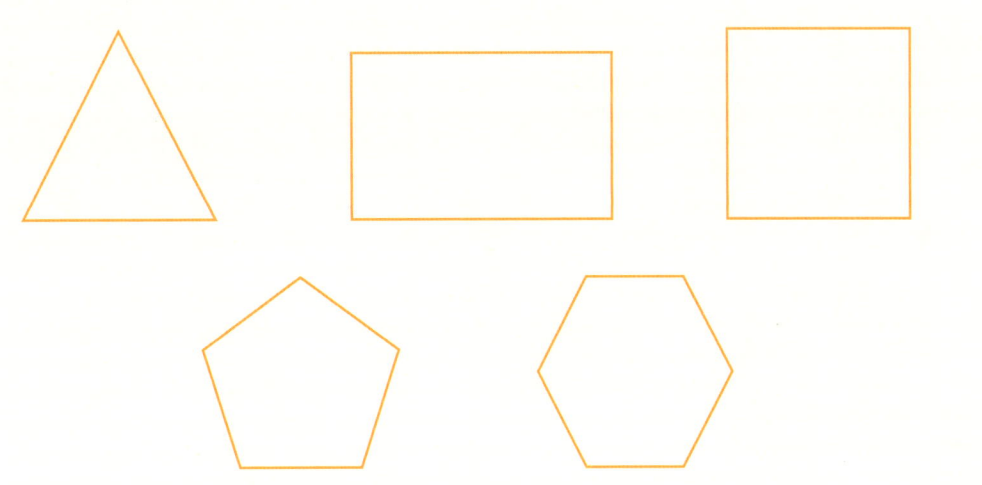

它们分别是三角形、长方形、正方形、正五边形、正六边形，各有3、4、4、5、6条边！

 你能用圆片  摆出这些图形吗？

啊？用圆片 摆图形，听起来很好玩，我们来试一试吧！

动手操作　你能用圆片摆出一个正方形吗？

用圆片 ◯ 摆出一个正方形，每条边的长度都是5个圆片。

我摆的图形有（　　）条边，用了（　　）个圆片，算式是_____。

一起来交流

侨侨，我摆好了！我用了16个圆片。

融融，正方形有4条边，每条边用5个圆片，5＋5＋5＋5＝20（个），用20个圆片才对，怎么只用了16个呢？

侨侨，你看右边的图，每条边顶点上的圆片是共用的，4条边，就有4个圆片是共用的，所以 5+5+5+5－4=16（个），这样才对。

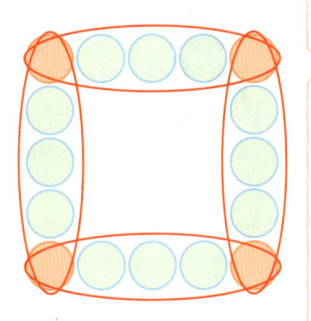

哦，原来如此！根据你的图，其实我们这样算：3+3+3+3+4=16（个），也是可以的。

当然可以！如果摆其他图形会用多少个圆片呢？

用圆片摆出一个长方形，长的两边用 4 个圆片，短的两边用 3 个圆片，会用多少个圆片呢？

  摆一摆，算一算。

用圆片 ◯ 摆出一个图形，每条边的长度都是5个圆片。

我摆的图形有（　　）条边，用了（　　）个圆片，算式是_____。

一起来交流

 融融，我摆的是三角形，我摆的图形有 3 条边，用了12个圆片，算式是：5+5+5−3=12。

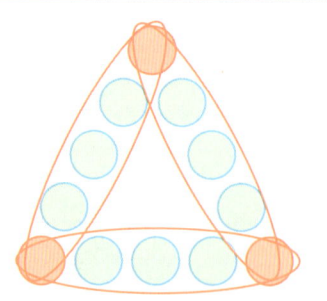

14. 摆圆片游戏

侨侨，我摆的是五边形，我摆的图形有 5 条边，用了 20 个圆片，算式是：5+5+5+5+5−5=20。

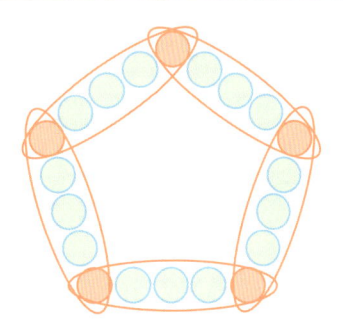

比一比 观察下面的图形和算式，你有什么发现？

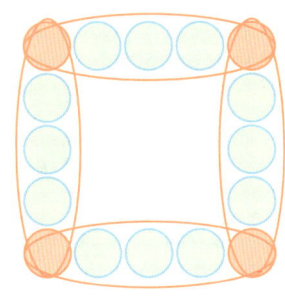
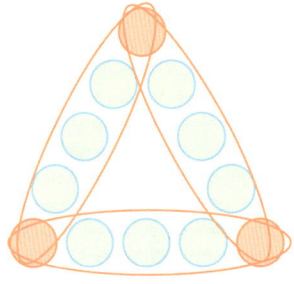
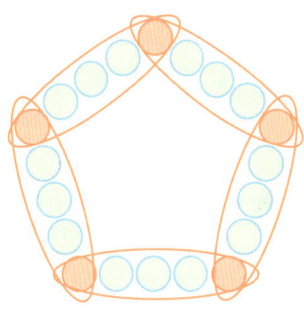

4 条边　　　　　　3 条边　　　　　　5 条边
5+5+5+5−4=16　　5+5+5−3=12　　5+5+5+5+5−5=20

融融，我发现正方形有 4 个顶点，共用 4 个圆片；三角形有 3 个顶点，共用 3 个圆片；五边形有 5 个顶点，共用 5 个圆片。

对，所以正方形用的算式是 5+5+5+5−4=16（个），三角形的算式是 5+5+5−3=12（个），五边形的算式是 5+5+5+5+5−5=20（个）。

有几条边就有几个顶点圆片共用，圆片总数就是几个 5 相加减几。

 摆每条边长是 5 个圆片的图形，你还有其他的摆法吗？

我还摆了下面的图形，你知道它们各用了多少个圆片吗？

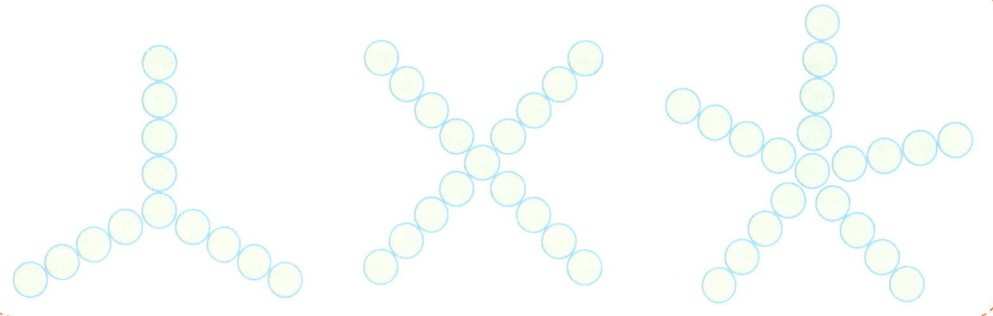

 慧慧，我们一起来圈一圈，算一算，有这样两种算法。

（1）4×3+1=13　（1）4×4+1=17　（1）4×5+1=21
（2）5×3−2=13　（2）4×5−3=17　（2）5×5−4=21

第一种方法我明白，中间共用的红色圆片🔴先不看，先算几个 4 相加，最后加上中间共用的 1 个红色圆片🔴。

第二种方法我来解释，第一个图形有 3 条边，中间红色圆片重复算了 3 次，要减 2；第二个图形有 4 条边，中间红色圆片重复算了 4 次，要减 3……有几条边中间的红色圆片就重复算了几次，所以要减去比边数小 1 的数。

动手操作 用 13 个圆片摆一个图形，每条边的圆片个数都一样多。

❶ 摆一摆。

❷ 算一算。

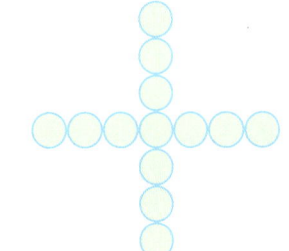

（1）13＝7＋7－1
（2）13＝6＋6＋1

（1）13＝4＋4＋4＋4－3
（2）13＝3＋3＋3＋3＋1

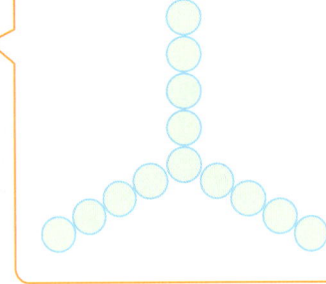

（1）13＝5＋5＋5－2
（2）13＝4＋4＋4＋1

还有一种：

（1）13＝3＋3＋3＋3＋3＋3－5
（2）13＝2＋2＋2＋2＋2＋2＋1

快和爸爸妈妈一起来挑战吧！

一个正方形花坛，每边摆6盆花（每个顶点摆1盆），一共需要几盆花？和爸爸妈妈一起猜一猜，画一画，算一算。（用 ◯ 代表 ）

花坛

15 玩转生肖

扫码听讲解

十二生肖是中华传统文化中的一种记年方式,让我们一起来玩转生肖吧!

一起来交流

融融,你知道十二生肖是什么吗?

我知道,十二生肖也称为十二属相,指代表十二地支而用来记人的出生年的十二种动物。

都有哪些动物?

有十二种动物,而且是按下面这种顺序排列的。

鼠　牛　虎　兔　龙　蛇　马　羊　猴　鸡　狗　猪

为什么是这样的顺序呢?请爸爸妈妈给你讲一讲"十二生肖的故事"吧。

我们把十二生肖按顺序放到圆形转盘上（如下图），就可以玩转盘游戏了。

那我们赶紧来玩一玩吧！

你知道十二生肖中谁排第一？

我知道，是鼠。

从"鼠"开始转1格，是什么生肖？

是牛。

不对，是猪。

 从鼠开始转 1 格，是什么生肖呢？

从鼠开始往右转 1 格是牛，往左转 1 格是猪。

转的方向不一样，转到的生肖也就不一样。

 从"鼠"开始转 5 格，是什么生肖呢？

提示：有困难的同学可以取下附页中的转盘，转一转。

15. 玩转生肖

我算好了,有两种答案!从"鼠"开始往右转5格是蛇;从"鼠"开始往左转5格是羊。

转一转 从"牛"开始往右转8格,是什么生肖呢?

 我算好了！从"牛"开始往右转 8 格是鸡。

这么快！对，是鸡。可是侨侨，你转的怎么跟我不一样呢？

15. 玩转生肖

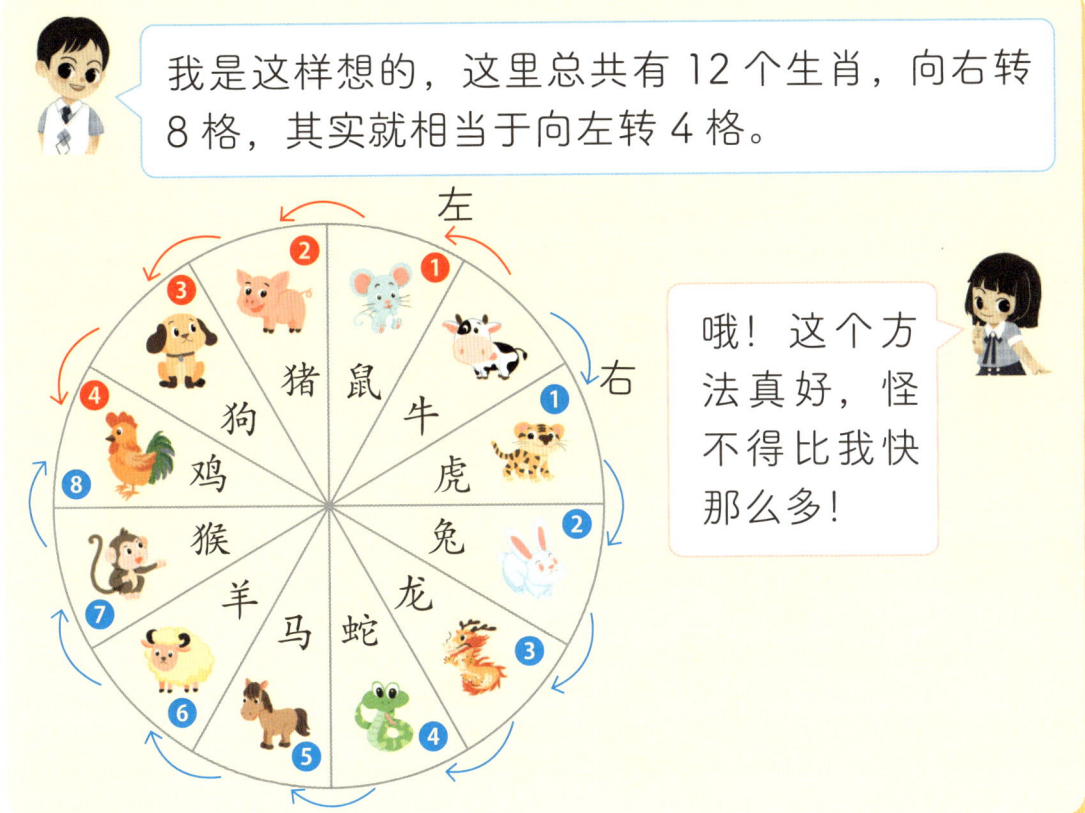

我是这样想的,这里总共有 12 个生肖,向右转 8 格,其实就相当于向左转 4 格。

哦!这个方法真好,怪不得比我快那么多!

转一转 从"牛"开始往右转 15 格,是什么生肖呢?

是龙！这次我有新发现！你看，从牛开始向右转 15 格，其实只要向右转 3 格就行。算式是 15－12＝3（格）。

融融，为什么要减 12 呢？

因为从牛开始转 12 格刚好回到牛，所以只要用 15 减 12，剩下 3 格再转 3 格就可以了。

十二生肖的固定格是 12，因此我们可以直接减掉 12，减掉后的数字可以方便我们解答。

15. 玩转生肖

难度升级，连续转动两次圆盘，会到达什么生肖？

融融，从牛开始向右转 3 格，再向右转 5 格是哪个生肖呢？我们来玩玩看吧。

我知道了，是鸡。

融融，因为两次都是向右转，我们就可以把两次的格数加起来，算式是 3＋5＝8（格），直接向右转 8 格就可以了。

是的！侨侨，你真会思考，总是有新发现！你看，按照你的方法，我又做出来了！

试一试 从"牛"开始向右转6格，再向右转8格，是什么生肖？

这个不用数，我就知道这个生肖是兔，因为6+8−12=2，从牛向右转2格就是兔。

向右转的"密码"被我们破解了，那么向左转又应该怎样计算呢？让我们接着研究吧！

  一起来看看向左转怎么玩。

转一转

① 从"牛"开始向左转3格,再向左转4格,是什么生肖?

② 从"牛"开始向左转6格,再向左转5格,是什么生肖?

我知道,这个和两次向右转的道理是一样的。

① 3+4=7,直接向左转7格,也可以用12-7=5来计算,向右转5格,生肖是马。

② 6+5=11,向左转11格或用12-11=1来计算,向右转1格,生肖是虎。

融融,你真会举一反三,学以致用!

无论是两次向右转还是两次向左转,只要每次转的方向一样,将它们的次数相加,就是最后向右转或向左转的格数。

 从"牛"开始向右转5格,再向左转3格是(　　)。

融融,这样一会儿向右转,一会儿向左转,难度就更大了哦!

那也难不倒我,我来转一转。我知道了,是兔。

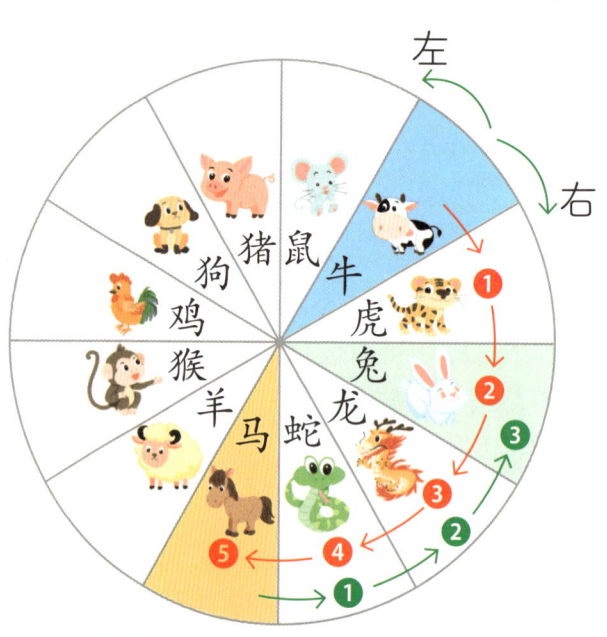

15. 玩转生肖

融融，其实还可以用 5－3＝2 来计算，直接向右转 2 格就是兔了。因为向右转 5 格和向左转 3 格，可以抵消 3 格，因此只用向右转 2 格，这样更简便。

转一转 从"牛"开始，向右转 8 格，再向左转 10 格，是什么生肖呢？

这个问题可以这样想：向右转 8 格，再向左转 10 格，就可以抵消 8 格，算式是 10－8＝2（格），那么再向左转 2 格就是猪。

比一比 思考下面的转图和算式，你有什么发现？

❶ 从"牛"开始向右转5格，再向左转3格，是（　　）。

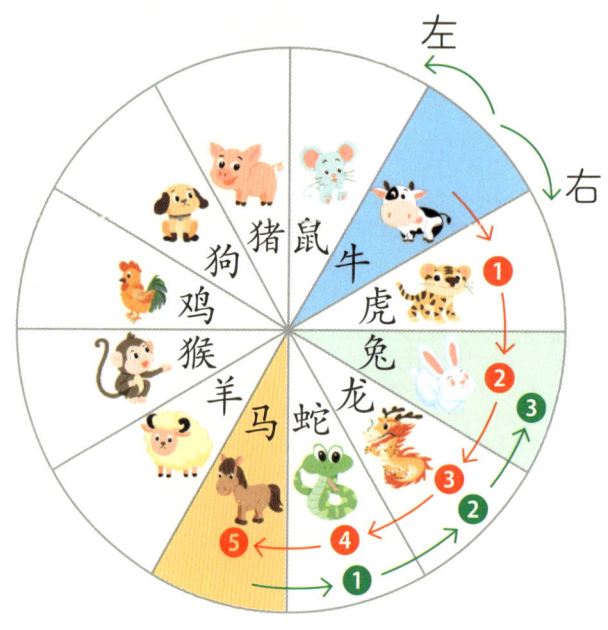

5－3＝2（格），向右转2格。

❷ 从"牛"开始，向右转8格，再向左转10格，是（　　）。

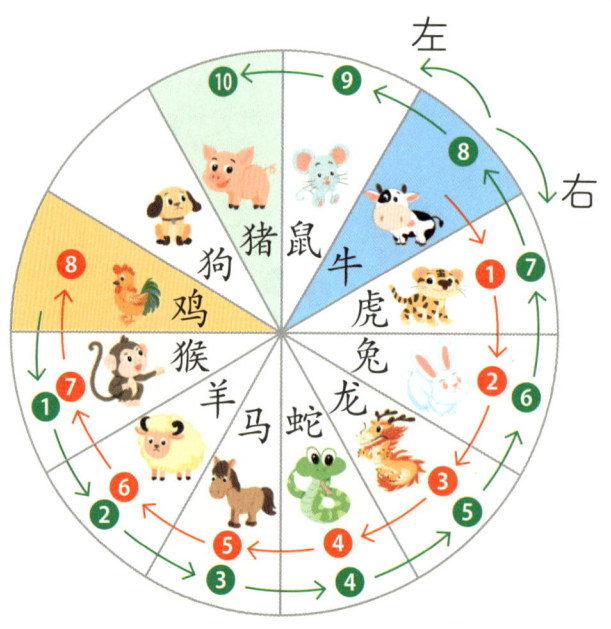

10－8＝2（格），向左转2格。

我们发现：如果两次转的方向相反，那么就可以抵消一些格数。

比如向右转5格，再向左转3格，就可以抵消3格，只要向右转2格就可以了。

比如向右转8格，再向左转10格，就可以抵消8格，只要向左转2格就可以了。

亲子乐园 快和爸爸妈妈一起来挑战吧！

❶ 小调查：爸爸的生肖是（　　），妈妈的生肖是（　　），爷爷的生肖是（　　），（　　）的生肖是（　　）。

❷ 玩一玩：和爸爸妈妈一起，先说说自己的生肖，然后怎样转动圆盘才能到达妈妈、爸爸和其他家人的生肖呢？

16 猴子吃桃子

  猴子选哪条路线，可以最快吃到桃子呢？

 融融，你知道猴子最喜欢吃什么吗？

桃子和香蕉。

 你能找出一条最短的路线，让猴子最快吃到桃子吗？

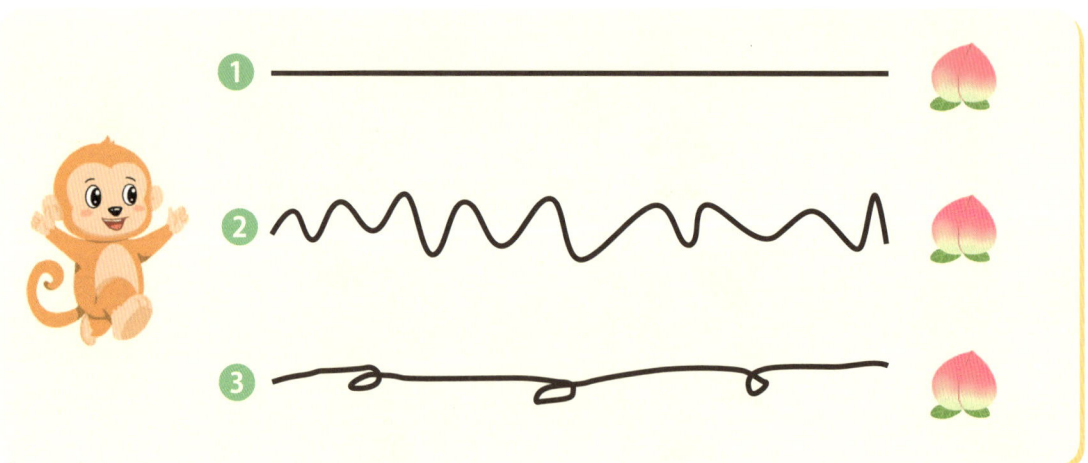

❶号路线，因为只有❶号路线是直的。

 下面的方格图中，猴子去吃桃子，哪条路线最短？

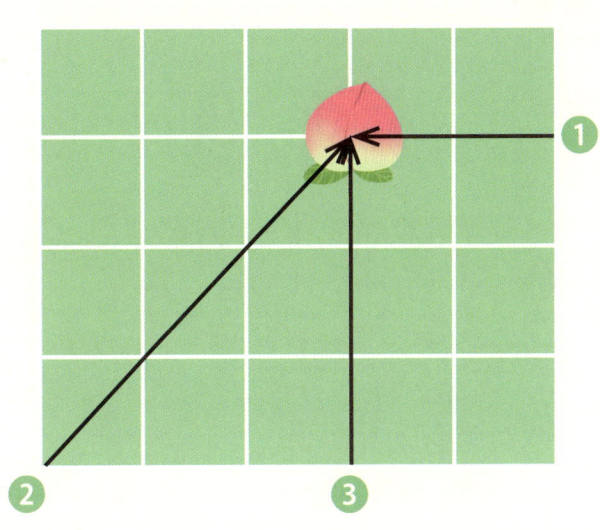

我选 ❶ 号路线，因为 ❶ 号路线看起来最短。

我是数出来的。❶ 号路线有 2 格长，❸ 号路线有 3 格长，但是 ❷ 号路线我数不出来。

我认为 ❷ 号路线和 ❸ 号路线都占了 3 格，但是 ❷ 号路线是斜着的，因此 ❷ 号路线是最长的。

你们说得没错，斜着的要比直着的长，所以 ❷ 号路线最长。

 再来试试：下面三条路线，哪条最长？哪条最短？怎么比呢？快来数一数，比一比，看谁的方法多！

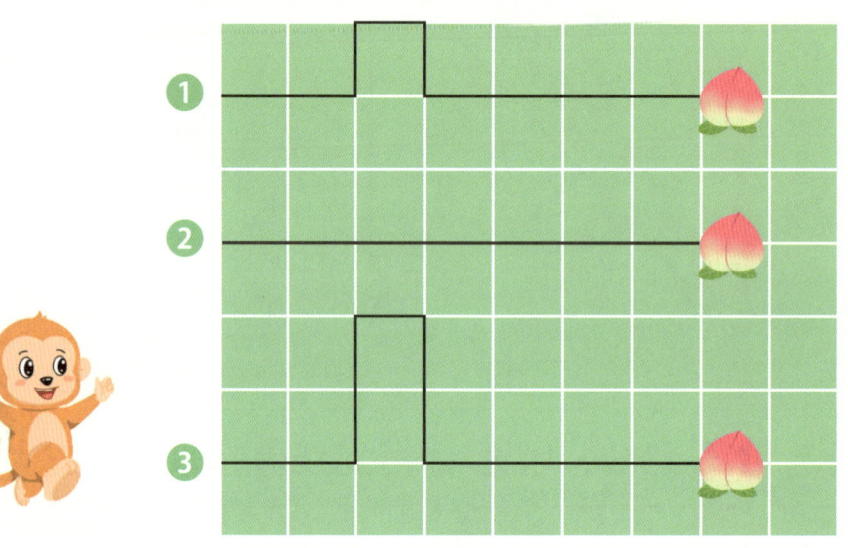

 我用数一数的方法，❶号路线有 9 格，❷号路线有 7 格，❸号路线有 11 格。

不用数我也知道哪条路线最长，我是直接观察出来的。我发现❶号路线凸起来一格，❸号路线凸起来两格，所以❸号路线就会长一点。

我用移一移的方法，不仅可以知道哪条路线最长，还能知道长多少哦！我把 ❶ 号路线最上面凸起来的横线移下来，就变成一条直线了，多了 2 格竖线；把 ❸ 号路线最上面凸起来的横线移下来变成一条直线后，多了 4 格竖线。

他们分别用了数一数、直接观察、移一移的方法解决了问题。你最喜欢哪种方法呢？你还有其他方法吗？

 看一看，数一数，移一移，现在哪条路线最长？哪条路线最短呢？

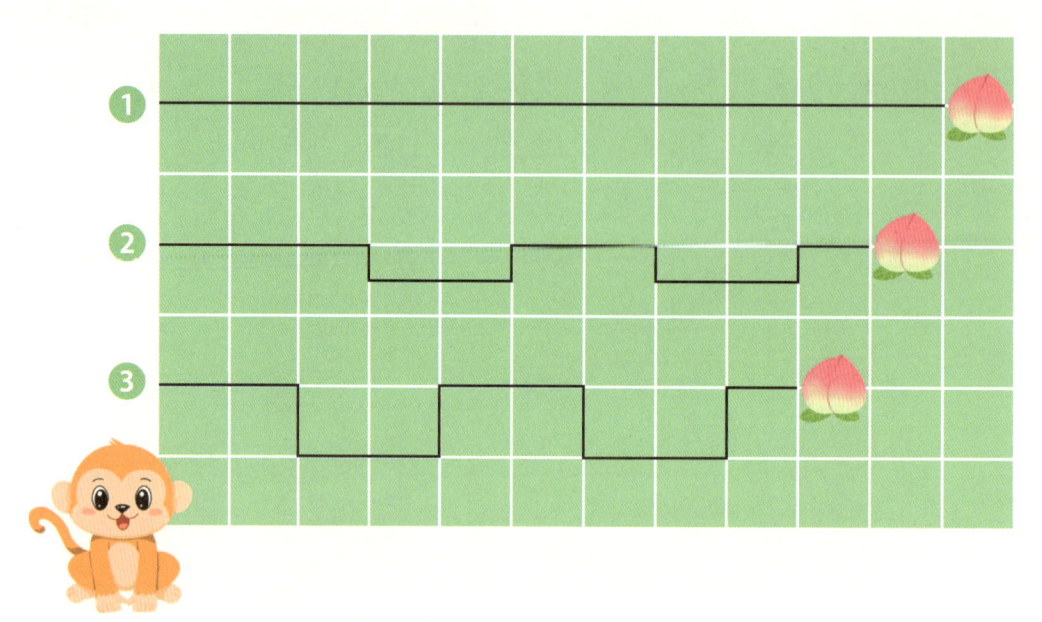

 我数了 ❶ 号路线，有 11 格。

 我数了 ❷ 号路线，有 12 格。

 我数了 ❸ 号路线，有 13 格。

 你们真棒！不能只根据起点和终点的位置来判断，更要仔细观察路线中间的变化哦！

16. 猴子吃桃子

 大猴小猴吃桃子，哪只猴子走的路线长，哪只走的路线短？

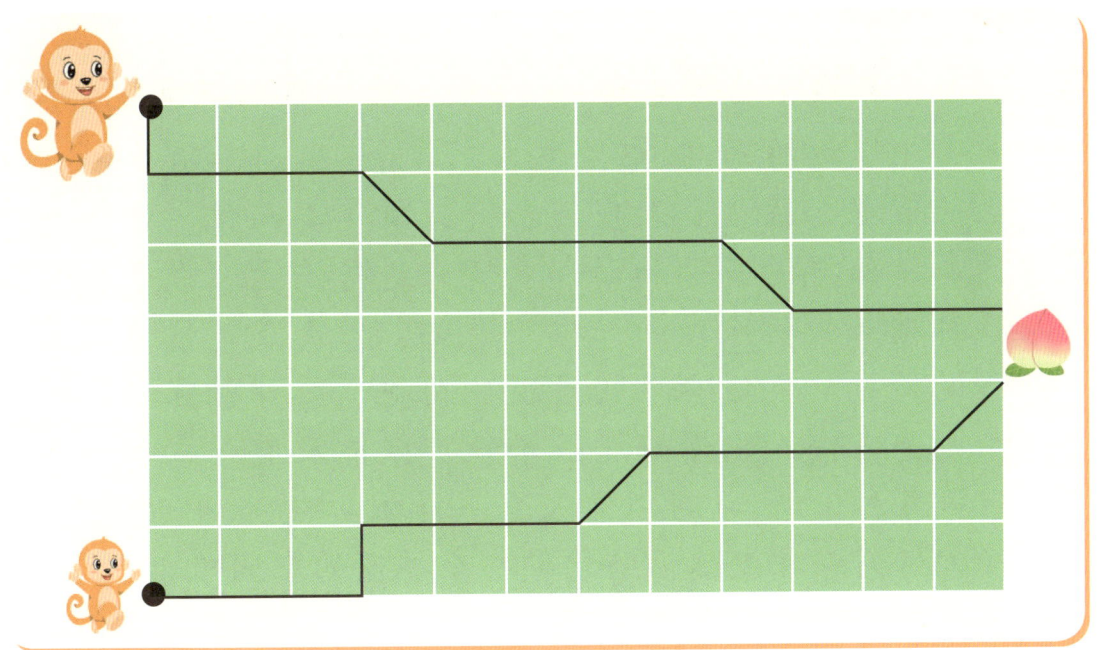

我觉得大猴子走的路线短，小猴子走的路线长。

不对哦！我仔细数了，两只猴子都走了10个横格、1个竖格和2个斜格，所以它们走的一样长。

我用移一移的方法，也发现两条路线是一样长的。

小朋友们观察要仔细哦！数格子的时候可以一类一类有序地数。

猴子小百科

全世界猴子的种类有300多种，其中我们所说的"真正意义上"的猴子占93%左右，其余7%为具有更高智慧的长臂猿、猩猩、黑猩猩和大猩猩等类人猿。它们通常用各种各样的声音和面部表情来进行沟通。猴子和类人猿都擅长模仿人类，如摇头晃脑、耸肩或是张嘴露出狰狞的笑是它们侵略性的表现，而把嘴唇外翻露出两排牙齿则是在向人们示好。猴子既可以像人类一样有喜怒哀乐等各种情绪，也可以像人类一样相互照顾。小朋友们，让我们好好保护森林，给它们一个美丽的家园吧！

快和爸爸妈妈一起来挑战吧！

下图中，苗苗和明明谁到达学校的路线更短？

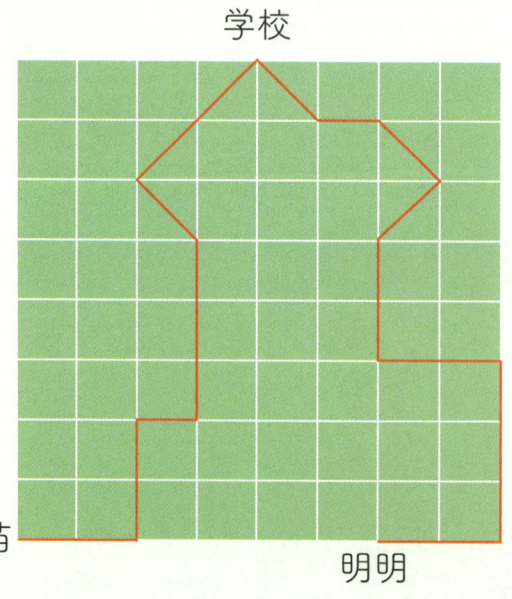

17 有趣的口诀

扫码听讲解

活动一

一起来猜谜语吧！
绿衣小英雄，田里捉害虫，
冬天它休息，夏天勤劳动。
（打一小动物）

我知道，它就是人类的好朋友——青蛙。

 小青蛙本领大，吃害虫顶呱呱，我们都要保护它。让我们一起来数青蛙吧。

我是这样数的：1只青蛙1张嘴，2只眼睛4条腿，"扑通"一声跳下水。

 还可以这样数：2只青蛙2张嘴，4只眼睛8条腿，"扑通""扑通"跳下水。

我也会数：3只青蛙3张嘴，6只眼睛12条腿，"扑通""扑通""扑通"跳下水。

 这样数真好玩，像编儿歌呢！

  在刚才数青蛙的过程中,你发现了什么规律?

1只青蛙1张嘴,2只眼睛4条腿,其实这句儿歌里藏着1的乘法口诀:一一得一,一二得二,一四得四。

 2只青蛙2张嘴,4只眼睛8条腿,用的是"一二得二、二二得四、二四得八"的口诀。

这里的数都和哪些口诀有关呢?

 填一填,想一想。

青蛙数量(只)	1	2	3	4	5	6	7	8	9
嘴巴数量(张)	1	2							
眼睛数量(只)	2	4							
腿的数量(条)	4	8							

 观察表格,你发现了什么?

一起来交流

我是这样填的。

青蛙数量（只）	1	2	3	4	5	6	7	8	9
嘴巴数量（张）	1	2	3	4	5	6	7	8	9
眼睛数量（只）	2	4	6	8	10	12	14	16	18
腿的数量（条）	4	8	12	16	20	24	28	32	36

我发现青蛙眼睛的数量和2的口诀有关，青蛙腿的数量和4的口诀有关。

我发现青蛙嘴巴的数量和1的口诀有关。

原来小青蛙身上有这么多数学知识呀！你还知道哪些小动物身上也藏着数学知识呢？

找一找其他小动物身上藏着的数学知识，编一编口诀。

我找的小动物是：

我编的口诀是：

 我发现七星瓢虫身上的7个点和口诀有关，一只瓢虫7个点，两只瓢虫14个点。

真有趣啊！我们一起用七星瓢虫编一编7的乘法口诀吧！

17. 有趣的口诀

 一七得七

 二七十四

 三七二十一

 四七二十八

 五七三十五

 六七四十二

 七七四十九

乘法口诀表

"乘法口诀表"是我国古代文化的瑰宝，也是中华文明智慧的结晶。据记载，在《荀子》《管子》《淮南子》《战国策》等书中都可以找到"三九二十七""六八四十八""四八三十二""六六三十六"等句子。由此可见，早在春秋、战国的时候，"九九乘法歌诀"就已经开始流行了。

在古代，它是倒过来的，从"九九八十一"起，到"二二得四"止。因为口诀开头两个字是"九九"，所以，人们就把它简称为"小九九"。九九表，又称九九歌、九因歌。

在北魏时期农学家贾思勰（xié）所著的《齐民要术》中，乘法口诀已经成为9~14岁儿童必学的内容。由此可见，掌握"乘法口诀"在中国古代也是一项必不可少的数学技能。

九九乘法口诀表

一一得一	一二得二	一三得三	一四得四	一五得五	一六得六	一七得七	一八得八	一九得九
	二二得四	二三得六	二四得八	二五一十	二六十二	二七十四	二八十六	二九十八
		三三得九	三四十二	三五十五	三六十八	三七二十一	三八二十四	三九二十七
			四四十六	四五二十	四六二十四	四七二十八	四八三十二	四九三十六
				五五二十五	五六三十	五七三十五	五八四十	五九四十五
					六六三十六	六七四十二	六八四十八	六九五十四
						七七四十九	七八五十六	七九六十三
							八八六十四	八九七十二
								九九八十一

1×1=1								
1×2=2	2×2=4							
1×3=3	2×3=6	3×3=9						
1×4=4	2×4=8	3×4=12	4×4=16					
1×5=5	2×5=10	3×5=15	4×5=20	5×5=25				
1×6=6	2×6=12	3×6=18	4×6=24	5×6=30	6×6=36			
1×7=7	2×7=14	3×7=21	4×7=28	5×7=35	6×7=42	7×7=49		
1×8=8	2×8=16	3×8=24	4×8=32	5×8=40	6×8=48	7×8=56	8×8=64	
1×9=9	2×9=18	3×9=27	4×9=36	5×9=45	6×9=54	7×9=63	8×9=72	9×9=81

17. 有趣的口诀

亲子乐园

快和爸爸妈妈一起来挑战吧!

我们可以用双手表示9的乘法口诀哦!和爸爸妈妈一起读一读、试一试吧!

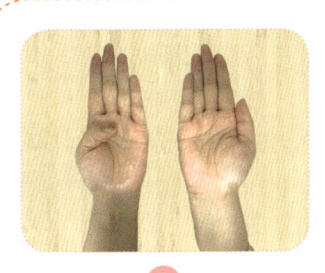 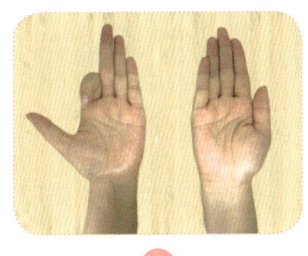 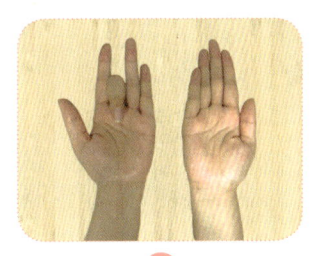

① ② ③

仔细观察上图,每一句口诀是怎么用手表示的?弯曲的手指左边的手指个数表示什么?弯曲的手指右边的手指个数表示什么?

图❷表示二九十八,这里弯曲的手指左边的手指个数表示一个十,弯曲的手指右边的手指个数表示八个一,所以二九十八。

你能用手指和爸爸妈妈一起探究出9的其他几句乘法口诀吗?试试看哦!

18 围棋子遇见数位表

扫码听讲解

活动一

你见过围棋吗?你知道围棋子还有一位好朋友吗?一起来看看吧!

这是什么?当它们在一起时会发生什么神奇的事?你知道吗?

十位	个位

我知道,这是围棋子和数位表,它们在一起之后怎么了?你快来说说吧!

别急,我们先来看看关于围棋子和数位表的故事!

在美丽的卡通王国里,住着一颗快乐的围棋子。有一天,这颗快乐的围棋子忽然有点儿不开心了。为什么呢?因为它觉得自己太弱小了,一点作用都没有。

国王知道这件事后，很担心围棋子，于是请来了一位魔术师，他就是"数位表"。魔术师看了看围棋子，就开始变魔术了，他把围棋子变到了个位上，围棋子终于打起了一点儿精神，可他还是有点儿不高兴。

融融，你知道这时的围棋子表示几吗？

我知道，表示1。

听到融融的话，围棋子心想：变了半天才表示1，我还是那么弱小。他依然不开心。魔术师猜到了围棋子的心思，他又变呀变，把围棋子变到了十位上。围棋子看了看新位置，心里美滋滋的。

融融，你知道围棋子现在表示几吗？

知道，围棋子在十位上表示10。

同一颗围棋子在不同的数位上表示出了不同的数，真是太神奇了！围棋子觉得自己好棒，终于开心地笑了。

  摆一摆，写一写。

动手操作

 当围棋子遇上数位表真有趣！1 颗围棋子 可以表示 1 或 10。

十位	个位
	●

十位	个位
●	

多颗围棋子遇上数位表会怎样呢？我们继续来探索！

能用 4 颗围棋子 表示哪些数呢？小朋友，你来摆一摆吧！

十位	个位

 小朋友们，你们是怎么摆的？我们一起来交流。

 我是按数字从大到小的顺序,从十位开始摆的。

十位	个位
●●●●	

40

十位	个位
●	●●●

13

十位	个位
●●●	●

31

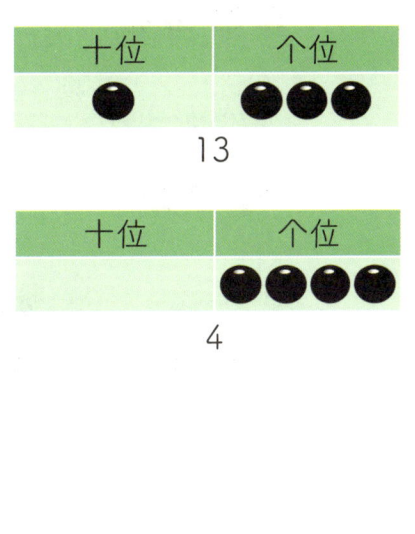

 我是按数字从小到大的顺序,从个位开始摆的。

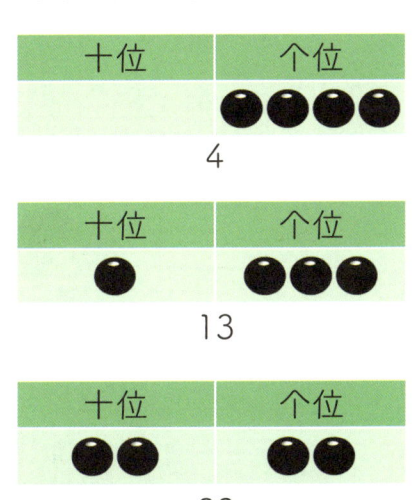

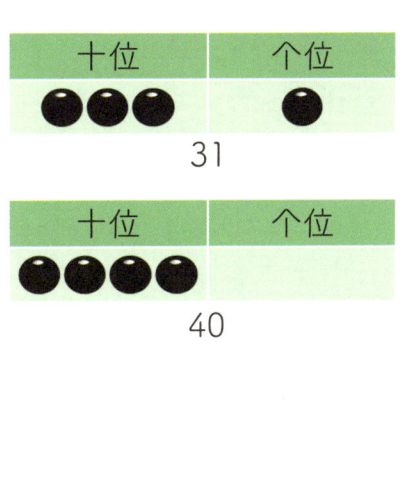

我是先摆出一个数,然后再交换十位和个位上的数字。

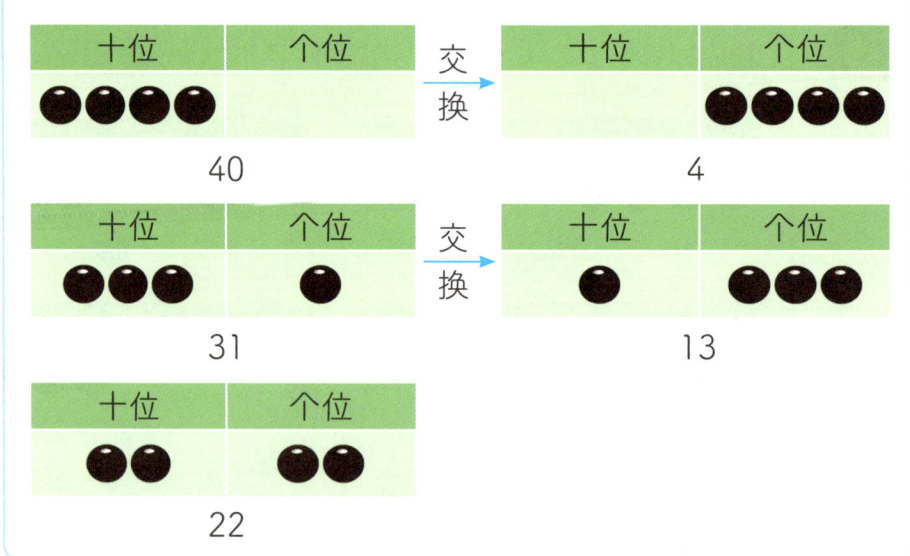

请观察以上三种方法,它们有什么相同和不同的地方?

摆出来的结果都是 4、13、22、31、40 五个数。

我们的摆法不同,因此写出来的数顺序不同。

我们的方法共同点都是**有序**地摆!这样就能做到不重复、不遗漏。

摆一摆，猜一猜。

 用 5 颗围棋子 ● 能摆出哪些数呢?

十位	个位

❶ 先来猜一猜可以摆出哪些数？
❷ 再用喜欢的方法摆一摆，把摆出来的数写下来。

我是这样想的：1 颗棋子能摆出 2 个数，4 颗棋子能摆出 5 个数，因此我猜 5 颗棋子应该能摆出 6 个数。我从个位开始摆，摆出来的数是 5、14、23、32、41、50，确实是 6 个数。

 我的想法和融融差不多，我从十位开始摆，也摆出了 6 个数，分别是 50、41、32、23、14、5。

我是这样想的：5 可以分成 5 和 0、4 和 1、3 和 2，我采用交换位置法，5 颗棋子可以组成 50、5、41、14、32、23 这 6 个数。

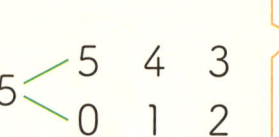

我把刚才摆出的情况列成了表格，你能说出 2 颗和 3 颗棋子可以摆出哪几个数吗？试一试，看谁的速度快。

棋子颗数	摆出的数	摆法（几种）
1	1、10	2
2		
3		
4	4、13、22、31、40	5
5	5、14、23、32、41、50	6

3 颗棋子可以摆出 4 个数：3、12、21、30。

 2 颗棋子可以摆出 3 个数：2、11、20。

一起来交流 请仔细观察下面的表格，你有什么发现？

棋子颗数	摆出的数	摆法（几种）
1	1、10	2
2	2、11、20	3
3	3、12、21、30	4
4	4、13、22、31、40	5
5	5、14、23、32、41、50	6

我发现随着棋子颗数的增加，摆出来的第一个数从1开始一个一个逐渐变大。

我发现摆出来的这些数个位和十位相加刚好等于第一列中相对应的棋子颗数。

我发现摆法（几种）比棋子颗数多1。我猜测7颗棋子可以摆出8个数，8颗棋子可以摆出9个数，9颗棋子可以摆出10个数……

融融，你真会思考，我们快来验证一下吧！

一起来验证

我用9颗棋子摆出了10个数：9、18、27、36、45、54、63、72、81、90。

我用8颗棋子摆出了9个数：8、17、26、35、44、53、62、71、80。

我用7颗棋子摆出了8个数：7、16、25、34、43、52、61、70。

看来大家的猜测都是对的，下面我来考考你们！

18.围棋子遇见数位表

145

动手操作 想一想，填一填。

❶ 下面的数不是由6颗棋子摆成的是（ ）。

6、15、24、33、43、51、60

❷ 下面这组数中间缺少了（ ）。

7、16、25、34、43、52、70

❸ 下面这组数是由（ ）颗棋子摆成的，共有（ ）个数。

19、28、37、46……

第❶题，43不是由6颗棋子摆成的，应该改成42才对。

第❷题应该是由7颗棋子摆成的，缺少了61。

第❸题的这组数是由10颗棋子摆成的，因为个位和十位相加等于10。我以为有11个数，可是我全部写出来却只有9个：19、28、37、46、55、64、73、82、91。这是为什么呢？

融融的问题你知道答案吗？一起来看看吧！

动手操作

为什么 10 颗棋子只能摆出 9 个数呢？那 11 颗、12 颗……呢？用 10 颗 ● 在数位表上能摆出哪些数？

十位	个位

① 摆一摆：10 颗棋子可以摆出哪些数？

② 想一想：为什么 10 颗棋子摆出的数比 9 颗棋子少？

③ 猜一猜：11 颗、12 颗……棋子可以摆出几个数？

④ 用你喜欢的方法验证你的猜测。

小朋友，一起来动手动脑！

> 一起来交流

我用 10 颗棋子，按从大到小的顺序摆，我摆出了 9 个数，分别是：91、82、73、64、55、46、37、28、19。只有 9 个数，比猜测的少了 2 个数，那是因为数位表的十位和个位上都不能放 10 颗棋子。我还摆了 11 颗棋子，发现只可以摆 8 个数，12 颗棋子只可以摆 7 个数……

我研究了摆 11 颗、12 颗棋子，发现 11、12 可以分成以下几个数字：

⑪　9 8 7 6
　　2 3 4 5

⑫　9 8 7 6
　　3 4 5 6

观察上面的拆分结果，我发现 11 颗棋子可以摆出 8 个数：92 和 29、83 和 38、74 和 47、65 和 56；12 颗棋子可以摆出 7 个数：93 和 39、84 和 48、75 和 57，还有 66。我猜测棋子数若再依次增加，那么可摆出的数的个数会依次减少。

我把 10~18 颗棋子的情况都摆出来了，验证了融融的猜测，但有 19 颗棋子的时候就摆不成了。

10	19	28	37	46	55	64	73	82	91
11		29	38	47	56	65	74	83	92
12			39	48	57	66	75	84	93
13				49	58	67	76	85	94
14					59	68	77	86	95
15						69	78	87	96
16							79	88	97
17								89	98
18									99

我把 1~9 颗棋子的情况整理成图。我发现它们的变化顺序是相反的，9 颗棋子摆出的数是最多的。

棋子颗数	摆出的数	摆法的种数
1	1、10	2
2	2、11、20	3
3	3、12、21、30	4
4	4、13、22、31、40	5
5	5、14、23、32、41、50	6
6	6、15、24、33、42、51、60	7
7	7、16、25、34、43、52、61、70	8
8	8、17、26、35、44、53、62、71、80	9
9	9、18、27、36、45、54、63、72、81、90	10

个位或十位上最多只能放9颗棋子，因此1~9颗摆出的数的个数会逐渐增多，10~18颗摆出的数的个数会逐渐减少。

一起来整理 把我们刚才摆出来的数整理一下，你有什么发现？

①	1 10
②	2 11 20
③	3 12 21 30
④	4 13 22 31 40
⑤	5 14 23 32 41 50
⑥	6 15 24 33 42 51 60
⑦	7 16 25 34 43 52 61 70
⑧	8 17 26 35 44 53 62 71 80
⑨	9 18 27 36 45 54 63 72 81 90
⑩	19 28 37 46 55 64 73 82 91
⑪	29 38 47 56 65 74 83 92
⑫	39 48 57 66 75 84 93
⑬	49 58 67 76 85 94
⑭	59 68 77 86 95
⑮	69 78 87 96
⑯	79 88 97
⑰	89 98
⑱	99

图 ❶

⓪	0
①	1 10
②	2 11 20
③	3 12 21 30
④	4 13 22 31 40
⑤	5 14 23 32 41 50
⑥	6 15 24 33 42 51 60
⑦	7 16 25 34 43 52 61 70
⑧	8 17 26 35 44 53 62 71 80
⑨	9 18 27 36 45 54 63 72 81 90
⑩	19 28 37 46 55 64 73 82 91
⑪	29 38 47 56 65 74 83 92
⑫	39 48 57 66 75 84 93
⑬	49 58 67 76 85 94
⑭	59 68 77 86 95
⑮	69 78 87 96
⑯	79 88 97
⑰	89 98
⑱	99

0	10	20	30	40	50	60	70	80	90
1	11	21	31	41	51	61	71	81	91
2	12	22	32	42	52	62	72	82	92
3	13	23	33	43	53	63	73	83	93
4	14	24	34	44	54	64	74	84	94
5	15	25	35	45	55	65	75	85	95
6	16	26	36	46	56	66	76	86	96
7	17	27	37	47	57	67	77	87	97
8	18	28	38	48	58	68	78	88	98
9	19	29	39	49	59	69	79	89	99

图 ❹

0	10	20	30	40	50	60	70	80	90
1	11	21	31	41	51	61	71	81	91
2	12	22	32	42	52	62	72	82	92
3	13	23	33	43	53	63	73	83	93
4	14	24	34	44	54	64	74	84	94
5	15	25	35	45	55	65	75	85	95
6	16	26	36	46	56	66	76	86	96
7	17	27	37	47	57	67	77	87	97
8	18	28	38	48	58	68	78	88	98
9	19	29	39	49	59	69	79	89	99

图 ❸

把图 ❶ 添上数字 0，刚好是 100 个数。添上数字 0 后，就形成了一个平行四边形（如图 ❷）。把平行四边形拉正就变成了百数图（如图 ❸）。观察图 ❸，大家有什么发现？

我发现从左侧向右上同一条斜线上的数（如图 ❹）都是相同数量的棋子摆出来的，并且每个数的个位数字加十位数字的和相等。

我发现左边的第一个数是几，斜线上的数就是几颗棋子摆出来的。

快和爸爸妈妈一起来挑战吧！

用 6 颗棋子 ● 摆三位数，能摆出哪些三位数呢？

❶ 摆一摆：用 6 颗棋子可以摆出哪些三位数？

❷ 想一想：怎样摆才能做到不重复、不遗漏。

❸ 写一写：把摆出来的数记录下来。

❹ 说一说：仔细观察摆出来的数，说说你的发现。

百位	十位	个位

19 猜数游戏

扫码听讲解

活动一

 猜数游戏有很多种，我们先来玩一下扑克牌猜数游戏吧！

 融融你好，我们来玩一个游戏吧。

 好啊，今天玩什么游戏呢？

 是"猜数游戏"。规则很简单，给你两个数，你来猜猜扑克牌上的数字是几。要很快猜对可没那么容易哦。

 好想试试啊！

一起来挑战 猜猜扑克牌上的数字是几。

 + 5 = 6　　 + 8 = 11　　 + 5 = 12

 − 3 = 3　　 − 1 = 2　　6 −  = 5

你猜对了吗?

猜数游戏

再来试试吧,我抽到的  是10以内最大的单数,你知道我手里的扑克牌是几吗?

太简单了,是9。

算得可真快!我抽到的  相邻的是4和6,你知道我手里的扑克牌是几吗?

在4和6中间的数,就是5了。

我能猜出你心中的数,你信吗?

 融融,你心里想一个数,把它加30,再加20,等于多少?

等于80。

 我猜你想的数是30。

哇!你是怎么知道的?

 你能看懂这个游戏吗?你知道侨侨是怎么猜到答案的吗?

我觉得他是根据融融说的等于80,倒推回去得到的。算式是 $80-20=60$,$60-30=30$。

 也可以这样想:
$\square+30+20=80$,$80-20-30=30$,$\square=30$。

你说我猜。

心里想一个数,把它加5,再加4,等于20,心里想的数是几?

我猜是11,因为□+5+4=20,也就是20-4-5=11。

心里想一个数,把它减15,再减4,等于20,心里想的数是几?

我猜是39,因为□-15-4=20,也就是20+4+15=39。

心里想一个数,把它加15,减6,等于20,心里想的数是几?

我猜是11,因为□+15-6=20,也就是20+6-15=11。

猜数的时候要从得数开始,一步一步倒推计算,然后得出对方心里想的数。

猜起跳数。

① 兔子先往前跳 3 格，再往前跳 2 格，跳到 9。跳着跳着，兔子忘记了自己是从哪里开始跳的，你能帮它找到起跳的位置吗？

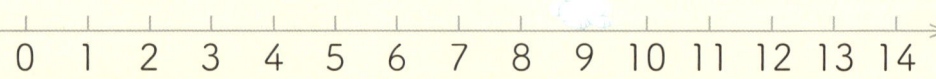

② 兔子先往后跳 2 格，再往后跳 3 格，跳到 9。兔子原来在哪里呢？

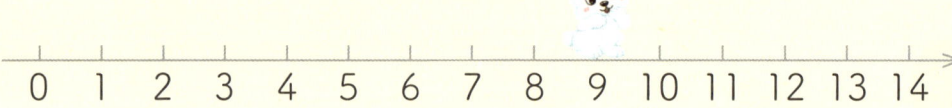

请你在图中圈一圈兔子原来的位置。你圈对了吗？

① 从 9 开始，先后退 2 格到 7，再后退 3 格到 4。

❷ 从9开始,先前进3格到12,再前进2格到14。

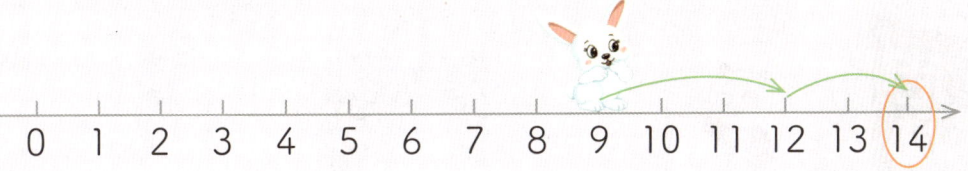

亲子乐园 快和爸爸妈妈一起来挑战吧!

❶ 想一想,算一算:

(1) □ + 20 − 10 + 20 − 10 = 80

(2) □ + 20 − 10 + 20 − 10 + 5 + 5 = 50

(3) 一个数加上18减去20,再加上18减去20,再加上18减去20,再加上18减去20,结果还是20。原来这个数是几呢?

❷ 玩一玩:你能和爸爸妈妈一起设计一个猜数游戏吗?你们设计的猜数游戏规则是什么呢?和爸爸妈妈一起玩一玩你们设计的游戏吧!

20 我会购物

扫码听讲解

活动一

 关于人民币的知识,你知道多少?

 我知道人民币的单位有元、角、分,我还知道人民币的面值有100元、50元、20元、10元、5元、2元、1元;5角、2角、1角;5分、2分、1分。

我知道1元=10角,1角=10分。我国现行的人民币有以下这些,你都认识吗?

当然认识,我还会用人民币购物呢!

活动二

 1元钱能买到什么呢？你有几种购买方法？

铅笔 2角　　纽扣 1角
练习本 5角　　冰棍 1元

 小朋友，快来想一想，算一算，买一买！

一起来交流

 我用1元钱，买1样东西，有4种买法。

5支　　10颗　　2本　　1根

我用1元钱，买2样东西，有5种买法。

2角　　　　1角

5角　　　　1元

1元钱可以买（1）支铅笔，（8）颗纽扣；
1元钱可以买（2）支铅笔，（6）颗纽扣；
1元钱可以买（3）支铅笔，（4）颗纽扣；
1元钱可以买（4）支铅笔，（2）颗纽扣；
1元钱可以买（1）本练习本，（5）颗纽扣。

我用1元钱，买3样东西，有2种买法。
1元钱可以买（1）支铅笔，（3）颗纽扣，（1）本练习本；
1元钱可以买（2）支铅笔，（1）颗纽扣，（1）本练习本。

1元钱能买的东西还真不少。
买1样东西，有4种方法；买2样东西，有5种方法；买3样东西，有2种方法。
共有4＋5＋2＝11（种）。

20. 我会购物

买价格为1元5角的东西,你有几种付钱方法?

小明有1张2元纸币,1张1元纸币,2枚5角硬币和5枚1角硬币。他要买1根价格为1元5角的冰棍,有几种付钱方法?

我想到了3种方法:
① 付出2元纸币,找回5角;
② 付出2元纸币和1枚5角硬币,找回1元;
③ 付出2元纸币和5枚1角硬币,找回1元。

侨侨,我也想到了3种方法,但和你的想法不一样:
① 付出1元纸币,1枚5角硬币;
② 付出1元纸币,5枚1角硬币;
③ 付出2枚5角硬币,5枚1角硬币。

你们的方法都是有序的,把你们俩的方法结合起来,就是全部的付钱方法了。列算式是:3+3=6(种)。答:一共有6种付钱的方法。

因此我们要先分类,再有序地罗列付钱的方法。

动手操作 你有几种付钱方法?

侨侨带了1张5元、4张2元的纸币和8枚1元的硬币,现在他要买一个价格为8元的铅笔盒,请问他有多少种付钱方法?

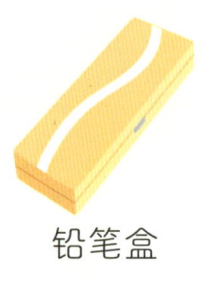

铅笔盒
8元

提示:分类、有序地思考才能做到不重复、不遗漏地列出所有的付钱方法。

① 付出1张5元、1张2元纸币,1枚1元硬币;
② 付出1张5元纸币,3枚1元硬币;
③ 付出4张2元纸币;
④ 付出2张2元纸币,4枚1元硬币;
⑤ 付出3张2元纸币,2枚1元硬币;
⑥ 付出1张2元纸币,6枚1元硬币;
⑦ 付出8枚1元硬币。

活动四

 买下面的2样东西,你有几种付钱方法?

融融有1张50元、3张10元、2张5元、1张1元、4张2角的纸币和8枚1角的硬币。她要买一副羽毛球拍和一个羽毛球,一副球拍的价格是30元,一个羽毛球的价格是1元6角,你能想出有几种付钱方法?

30元

1元6角

 小朋友们,开动脑筋算起来!

一起来交流

先算出球拍和球一共需要 30 元 + 1 元 6 角 = 31 元 6 角，然后有序思考，结果如下：

① 付出 50 元纸币，找回 18 元 4 角；
② 付出 50 元和 1 元纸币，3 张 2 角纸币，找回 20 元；
③ 付出 50 元和 1 元纸币，6 枚 1 角硬币，找回 20 元；
④ 付出 50 元和 1 元纸币，2 张 2 角纸币，2 枚 1 角硬币，找回 20 元；
⑤ 付出 50 元和 1 元纸币，1 张 2 角纸币，4 枚 1 角硬币，找回 20 元。

我是这样算的，先算出球拍和球一共需要 30 元 + 1 元 6 角 = 31 元 6 角，然后有序思考，结果如下：

⑥ 付出 3 张 10 元纸币，1 张 1 元纸币，3 张 2 角纸币；
⑦ 付出 3 张 10 元纸币，1 张 1 元纸币，6 枚 1 角硬币；
⑧ 付出 3 张 10 元纸币，1 张 1 元纸币，2 张 2 角纸币，2 枚 1 角硬币；
⑨ 付出 3 张 10 元纸币，1 张 1 元纸币，1 张 2 角纸币，4 枚 1 角硬币。

我也会算!先算出球拍和球一共需要30元+1元6角=31元6角。结果如下:

⑩ 付出10元、5元纸币各2张,1张1元和3张2角纸币;

⑪ 付出10元、5元纸币各2张,1张1元纸币和6枚1角硬币;

⑫ 付出10元、5元纸币各2张,1张1元、2张2角纸币和2枚1角硬币;

⑬ 付出10元、5元纸币各2张,1张1元、1张2角纸币和4枚1角硬币。

你们真聪明!一下子就总结出了13种方法。像这种类型的付钱问题,首先要算出一共需要付的钱数,然后再根据手里的钱数分类思考,有序列举。

快和爸爸妈妈一起来挑战吧!

❶ 换一换:

1角 = (　　) 分　　　　20分 = (　　) 角

1元 = (　　) 角　　　　10角 = (　　) 元

3元 = (　　) 角　　　　50角 = (　　) 元

9元 = (　　) 角　　　　80角 = (　　) 元

❷ 购一购：新学期开始前，融融想买以下3种学习用品，一共要花多少钱？她带了一张50元、4张10元、2张5元、4张1元、4张2角纸币和8枚1角硬币。你能想出几种付钱方法？

39元9角

7元

2元8角

❸ 想一想：人民币有1分、2分、5分、1角、2角、5角、1元、2元、5元、10元、20元、50元、100元。为什么小额面值只有1、2、5，不设3、4、6、7、8、9面值的呢？

21 神秘的算盘

扫码听讲解

来猜个谜语吧！
一座城，四面墙，一群珠宝里面藏，若用小手拨一拨，噼里啪啦连声响。
（打一记数工具）

是不是<u>算盘</u>？

是的，算盘是中国古代劳动人民创造发明的一种简便的记数和计算工具。

 认识算盘。

算盘四周叫作框，根根小棒叫作档，一根横梁分上下；梁的上面是上珠，梁的下面是下珠。

仔细观察算盘上的珠子，你有什么发现？

我发现每一档都是上珠2颗，下珠5颗。

上珠和下珠有什么区别呢？

上珠1颗可以代表5，下珠1颗只代表1。

让我们一起在算盘上试一试吧！

 你能在算盘上拨出从1到9的数吗？拨一拨，填一填。

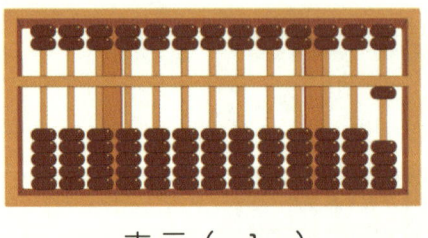

表示（ 1 ）

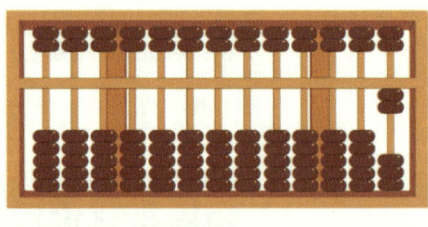

表示（ ）

表示（ ）

表示（ ）

21. 神秘的算盘

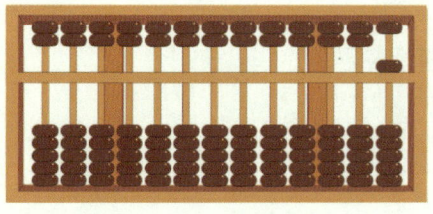
表示（ 5 ）

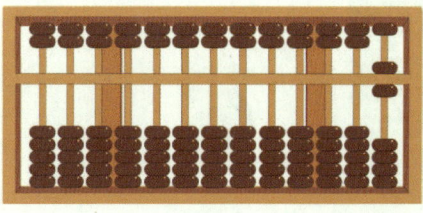
表示（   ）

表示（   ）

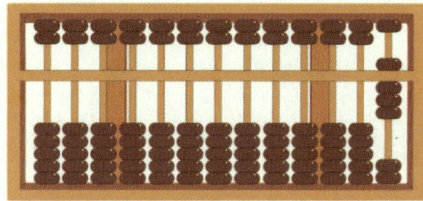
表示（   ）

表示（   ）

你能说一说你是怎么拨的吗？

我是根据下珠1个表示1，上珠1个表示5来拨的。我还编了一首儿歌呢！

你拨1，我拨1，1颗下珠表示1。
你拨2，我拨2，2颗下珠表示2。
你拨3，我拨3，3颗下珠表示3。
你拨4，我拨4，4颗下珠表示4。
你拨5，我拨5，1颗上珠表示5。
你拨6，我拨6，1颗上珠1颗下珠表示6。
你拨7，我拨7，1颗上珠2颗下珠表示7。
你拨8，我拨8，1颗上珠3颗下珠表示8。
你拨9，我拨9，1颗上珠4颗下珠表示9。

 想一想，下面两个算盘拨出来的两位数是多少呢？

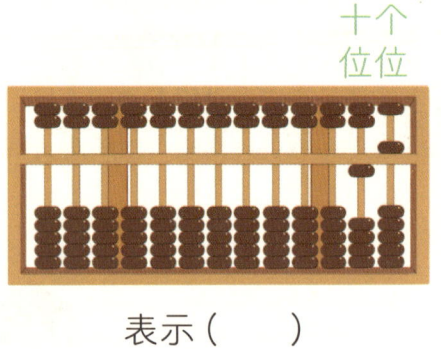
表示（ ）

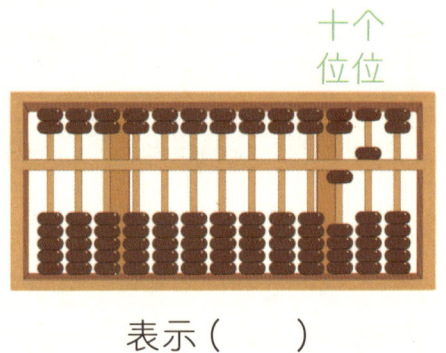
表示（ ）

 这两个算盘上表示的数都是15。

 为什么两个算盘拨出的数是一样的呢？

 它们定的个位不一样。在拨数时，要先选择一个位置作为个位，再依次向左拨数。

 按这样拨数，算盘每档上有1个上珠4个下珠就够了呀，为什么是2个上珠5个下珠呢？

21. 神秘的算盘

因为我国古代计量质量采用"16两制",如1斤等于16两。上二下五珠,每一档可计算到"15",这样"满16"就向前一档进一,所以我国传统的上二下五珠算盘是为适应十六进制而形成的。

哦,我明白了!现在我们是"满十进一",所以现在有些算盘是上一下四珠的。

上珠2颗,下珠5颗

七珠算盘

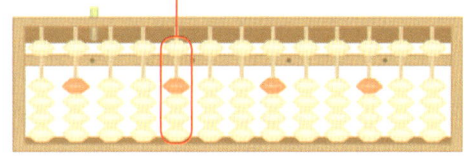

上珠1颗,下珠4颗

五珠算盘

动手操作

❶ 试一试:在算盘上拨出 99、100、56。

❷ 写一写:下列算盘上的数分别表示多少?

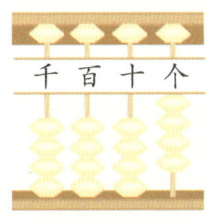

表示（　　）

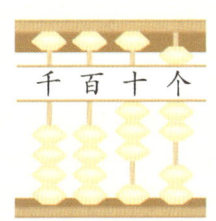

表示（　　）

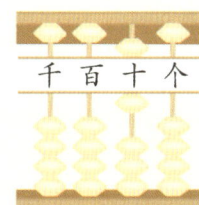

表示（　　）

文化链接

算 盘

算盘起源于中国,是我国古代的一项伟大发明。关于算盘的来源最早可以追溯到东汉末年,传说是由关羽发明的,当时被称为"算板"。后来随着社会的进步,人们进一步改制成现在的算盘。算盘主要由框、梁、档、算珠组成。算盘的四周叫作框,中间的横条叫梁,将算盘从上边贯穿横梁至下边的木棍叫作档,算盘上的珠子叫作算珠。

由于制作简单,价格便宜,珠算口诀便于记忆,运算又很简便,所以算盘在中国被普遍使用。并且陆续流传到日本、朝鲜、美国和东南亚等国家和地区。即使是已经进入电子计算机时代的今天,古老的算盘仍然发挥着一定的作用。

快和爸爸妈妈一起来挑战吧!

在生活中,算盘被人们做成各种各样的艺术品,和爸爸妈妈一起找一找,玩一玩吧。

22 猴子的年龄

扫码听讲解

 猴子年龄知多少?我们一起来揭秘!

 融融,你知道猴子的寿命有多长吗?

这个我知道,我给你科普一下吧!猴子的种类不同,寿命也不相等。有的猴子寿命只有20多年,也有的猴子寿命有30多年。

 今天我们一起来研究一下猴子的年龄问题吧!

 今年小猴8岁,猴妈妈26岁。你知道猴妈妈比小猴大几岁吗?

这个简单,26－8＝18(岁)。

 那明年小猴比猴妈妈小几岁呢?

今年猴妈妈跟小猴差18岁，明年要过一年，所以18+1=19岁。

 融融，你这样算不对，今年相差18岁，明年小猴大一岁，猴妈妈也大一岁，所以还是差18岁。

侨侨，再问你一个问题，你知道小猴出生时，猴妈妈多少岁吗？

 这个简单，小猴现在8岁，猴妈妈26岁，也就是26-8=18（岁）。这和前面说的猴妈妈比小猴大几岁是一样的道理。

当猴妈妈30岁时，小猴又是多少岁呢？

 猴妈妈30岁时比现在大4岁，30-26=4（岁），小猴也会比现在大4岁，也就是8+4=12（岁）。

由前面的活动我们已经知道小猴比猴妈妈小18岁，那猴妈妈到了30岁时，小猴同样比猴妈妈小18岁，也就是30-18=12（岁）。

今年小猴8岁,猴妈妈26岁。那么10年后,小猴和猴妈妈相差几岁呢?

我觉得还是相差18岁!

 10年后,应该是相差28岁吧!

猴妈妈和小猴到底相差几岁呢?我们结合表格一起来研究一下!

 填一填,想一想。

	现在	1年后	2年后	3年后	4年后	5年后	6年后	7年后	8年后	9年后	10年后
猴妈妈的年龄(岁)	26	27	28								
小猴的年龄(岁)	8	9	10								
相差(岁)	18	18	18								

观察表格,你发现了什么?

我是这样填的。

	现在	1年后	2年后	3年后	4年后	5年后	6年后	7年后	8年后	9年后	10年后
猴妈妈的年龄（岁）	26	27	28	29	30	31	32	33	34	35	36
小猴的年龄（岁）	8	9	10	11	12	13	14	15	16	17	18
相差（岁）	18	18	18	18	18	18	18	18	18	18	18

观察表格，我们发现：

1年后它们相差18岁，2年后相差18岁……10年后它们还是相差18岁。我发现不管几年后，它们的年龄都相差18岁。

10年后，猴妈妈与小猴都增加了10岁，相减时也会抵消，因此猴妈妈还是比小猴大18岁。

因为它们的年龄是同时增长的，所以不管过了几年，它们相差的岁数都是不变的，永远相差18岁。

哦！我想起来了，数学计算中也有这样的情况。

 根据 20−8=12，快速算出下列算式的答案。

30−18=   40−28=   60−48=
120−108=   520−508=

用一句话总结这些算式的特征：被减数和减数都同时增加或同时减少同一个数，差不变。根据前面差不变的规律，再试试下面的算式。
50−18=   60−28=   80−48=
140−108=   540−508=

被减数增加20，减数不变，差也就增加20，也就是50−18=20+12=32。

 根据"和不变"你能发现一些规律吗？

5+44=49   15+34=49   25+24=49
35+14=49   45+4=49

我发现了，这里一个加数增加几，另一个加数就减少几，总的和不会变化。

据你得出的结论,你能快速口算下面的题目吗？
10+13=23   12+□=23   7+□=23

活动三

 猴哥哥今年22岁，猴弟弟今年19岁。当猴哥哥27岁时，猴弟弟几岁？

动手操作

			+5		
猴哥哥的年龄（岁）	22				27
猴弟弟的年龄（岁）	19				24
			+5		

算式：

一起来交流

猴哥哥的年龄（岁）	22	23	24	25	26	27
猴弟弟的年龄（岁）	19	20	21	22	23	24

猴哥哥从 22 岁到 27 岁，增加了 5 岁，猴弟弟也要增加 5 岁，所以猴弟弟的年龄应该是 19＋5＝24（岁）。

猴哥哥的年龄（岁）	22					27
猴弟弟的年龄（岁）	19					24

猴哥哥和猴弟弟今年相差 22－19＝3（岁），不管几年后它们还是相差 3 岁，所以猴弟弟的年龄应该是 27－3＝24（岁）。

虽然他们的方法不同，但有一点相同，猴子兄弟的年龄差不会发生改变。

关于猴子的成语

沐猴而冠

沐猴：猕猴；冠：戴帽子。猕猴戴帽子，装成人的样子。比喻表面上装扮得像个人物，而实际并不像。出自西汉司马迁《史记·项羽本纪》："人言楚人沐猴而冠耳，果然。"

猿猴取月

比喻愚昧无知，也比喻白费力气。出自宋代黄庭坚《沁园春》："镜里拈花，水中捉月，觑着无由得近伊。"

杀鸡骇猴

传说猴子怕见血，驯猴的人便杀鸡放血来恐吓猴子。比喻惩罚一个人来吓唬或警诫另外的人。如清代李宝嘉《官场现形记》第五十三回："俗语说得好，叫做'杀鸡骇猴'，拿鸡子宰了，那猴儿自然害怕。"

猴年马月

指猴年里的农历五月，每十二年才有一次，时间比较久远。比喻遥遥无期的事情。如古华《芙蓉镇》第四章："斗斗斗，一直斗到猴年马月，天下一统，世界大同。"

23 数学中的太阳花

扫码听讲解

  你们认识太阳花吗？它们有什么奥秘呢？我们一起来看看。

 我知道太阳花的形状像太阳，并且有各种不同的颜色。

我发现太阳花的花瓣是对称的。

 我发现我们的数学中也有类似太阳花的图形。你看，下边这个图形就很像。

侨侨，像你说的这样的图形，我们就叫它数学中的太阳花，它有什么奥秘呢？我们就从简单的开始研究吧！

在圆圈里填数，使每条线上三个数的和都相等。

在圆圈里填上 1、2、3、4、5，使两条线上的数的和相等。

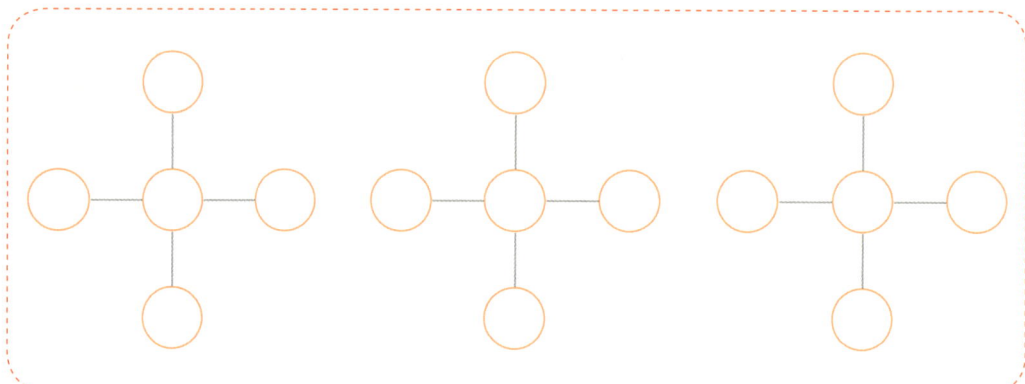

小朋友，一起来试试！

首先我们要注意，每个圆圈里的数不能重复，中间那个圆圈里的数会重复用到哦。

我发现中间的圆圈内不能填双数，如果填了双数，剩余的数填到其余的四个圆圈内，横竖线上数的和一个为双数，一个为单数，始终不相等。

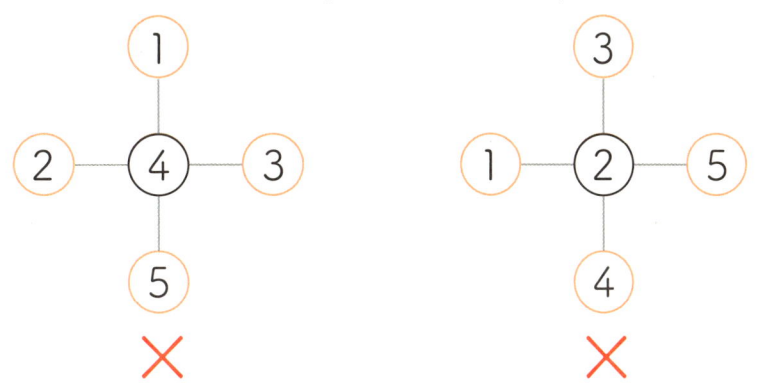

我先确定中间黑色圆圈里的数，若确定了中间数为5，两条线两端数相加应相等，如：3＋2＝1＋4＝5，则符合题意。

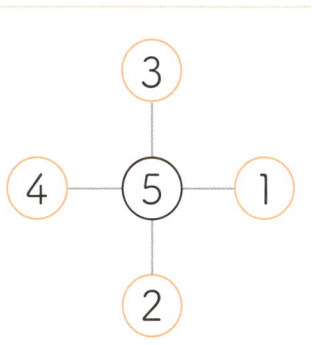

我发现若中间黑色圆圈里的数为1，则剩下的数 3＋4＝2＋5，同样成立；确定中间黑色圆圈里的数为3，则剩下的数 2＋4＝1＋5，也成立。

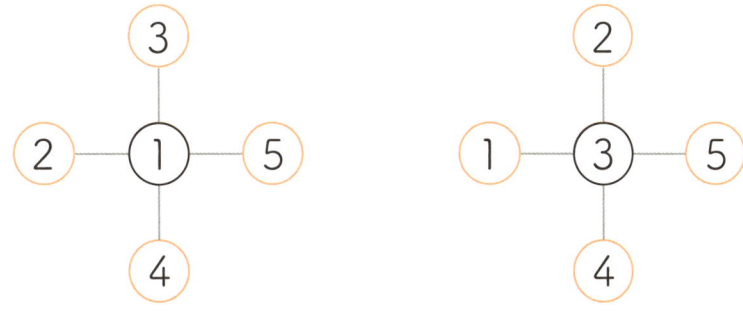

填了中间的数之后，用剩下的数来配对，如果能配成两个和相等的算式，就符合题意，即太阳花成立；如果配不成两个和相等的算式，则不符合题意，即太阳花不成立。

动手操作 请你在圆圈里填上2、4、6、8、10这几个数，使两条线上的数和相等。

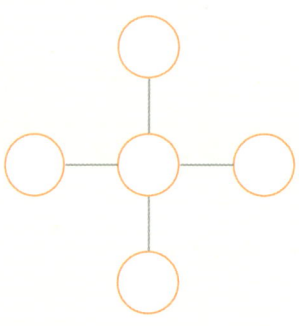

计算过程：

  在空格里填上不同的数,使太阳花中每条线上三个数的和等于12。

☐ + ☐ + ☐ = 12

一起来交流

请你先动手写一写和为12的算式(如下表),你有什么发现呢?

列一列		
12=1+2+9	12=1+4+7	12=2+3+7
12=1+3+8	12=1+5+6	12=2+4+6 ……

 哦,我知道,等于12的算式还有3+4+5=12,5+6+1=12,3+3+6=12!

侨侨，不对，5＋6＋1＝12 与上面的 1＋5＋6＝12 是一样的，只是数的位置换了；像 3＋3＋6＝12 中有两个 3，数字是不能重复的。

那么多算式，我们怎么写才能不重复呢？

可以按 1、2、3、4，固定一个数有顺序地写，如 1＋（　）＋（　）＝12，第二个数可以从小到大，第三个数从大到小，按顺序写，就可以做到不遗漏。

我有新发现：要使太阳花中每条线上三个数的和等于 12，至少要有<u>三道算式</u>都有<u>一个相同的数</u>。

我列举了 4 道有 1 的不同算式：1＋2＋9，1＋3＋8，1＋4＋7，1＋5＋6；先把相同的数 1 填在中间，然后把其他两个数对应填在两端。

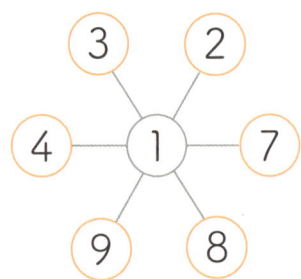

我找到了 3 道有相同数 2 的不同算式：1＋2＋9，2＋3＋7，2＋4＋6，把相同的数 2 填在中间，其余两个数对应填在两端。

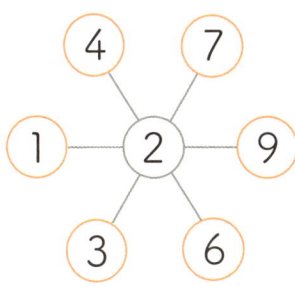

我找到了分别有相同数 3 和 4 的不同算式各 3 道：1＋3＋8，2＋3＋7，4＋3＋5；1＋4＋7，2＋4＋6，3＋4＋5。把相同的数 3 和 4 分别填在下面两图中间，其他两个数分别对应填在两端。

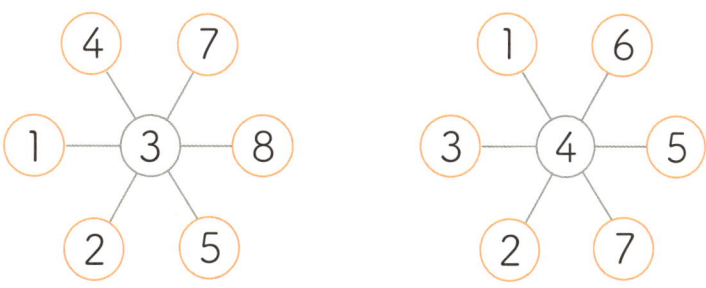

"数学中的太阳花"问题就是要让相对花瓣上的和都相等，如 2＋9＝3＋8＝4＋7＝11；3＋7＝4＋6＝1＋9＝10。同一朵太阳花中相对花瓣上的和都相等，那么同一条线上的三个数的和也就相等，这就是神奇的太阳花现象。

动手操作 在空格里填上不同的数，使太阳花中每条线上的和等于15。

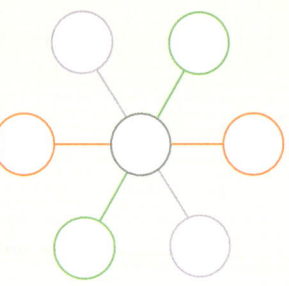

列一列：

填一填：

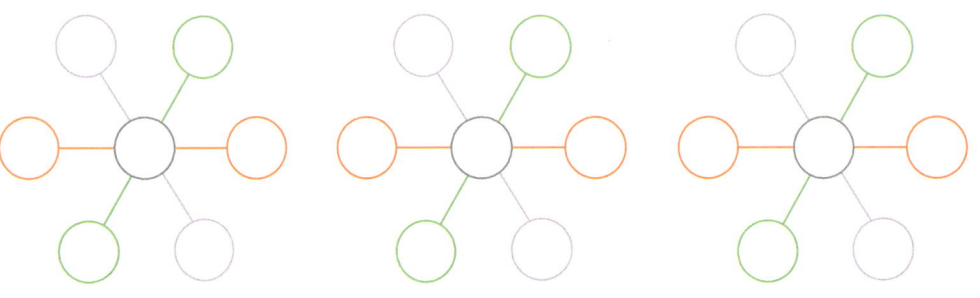

小朋友，开动脑筋动起来！看谁的方法多。

 一起来交流　　太阳花儿朵朵开！剩下的花心是7和8的太阳花还能开吗？

$15 = 1 + 2 + 12$　　　$15 = 2 + 3 + 10$　　　$15 = 3 + 4 + 8$
$15 = 1 + 3 + 11$　　　$15 = 2 + 4 + 9$　　　$15 = 3 + 5 + 7$
$15 = 1 + 4 + 10$　　　$15 = 2 + 5 + 8$　　　$15 = 4 + 5 + 6$
$15 = 1 + 5 + 9$　　　　$15 = 2 + 6 + 7$
$15 = 1 + 6 + 8$

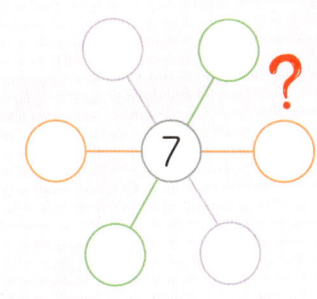
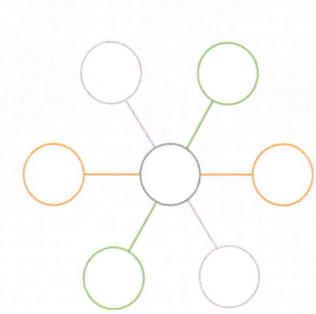
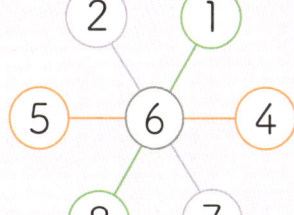
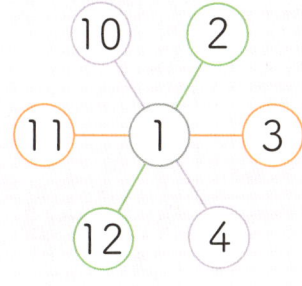
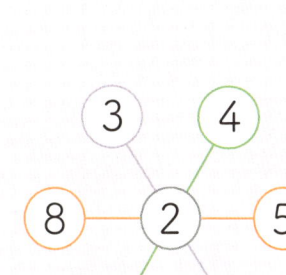
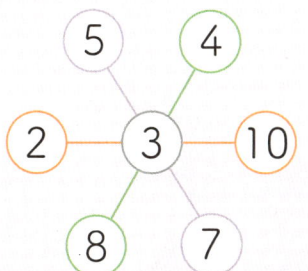
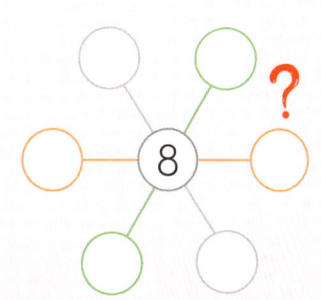

 快和爸爸妈妈一起来挑战吧!

把 1 至 6 这 6 个数分别填在下图的小圆圈内,使每个正方形角上的 4 个数的和相等。

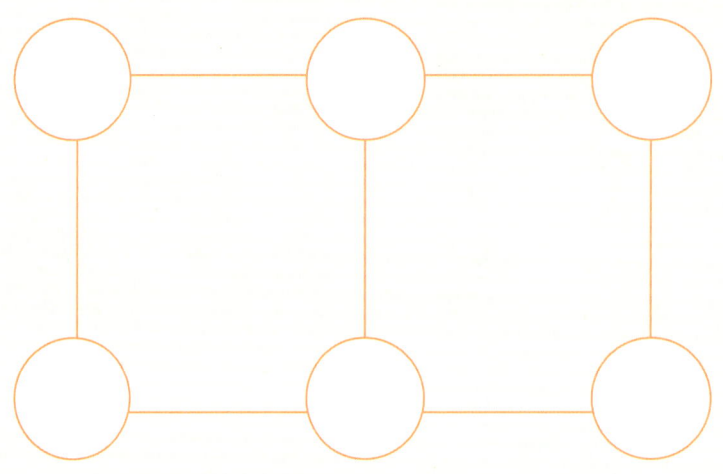

24 鸡兔同笼

扫码听讲解

活动一

中国古代有个著名的数学问题——鸡兔同笼，你知道吗？

"鸡兔同笼"是什么意思啊？

我知道，"鸡兔同笼"是中国古代的数学名题之一，指的是把鸡和兔关在一个笼子里进行研究的数学问题。

动手操作

❶ 数一数：
（1）鸡有（　　）只脚，兔有（　　）只脚。
（2）右边笼子里的鸡和兔一共有（　　）个头，（　　）只脚。

❷ 画一画：简洁地表示出图中的鸡和兔。

鸡有 2 只脚，兔有 4 只脚。笼子里的鸡和兔一共有 3 个头 10 只脚。所以我这样画：

我画得更加简单哦！

数学里，经常用画图的方法解决问题。画得越简洁越方便哦！可以用 ◯ 表示头，用 / 表示脚。你也来画一画吧。

 4 个头 12 只脚。

  用画图的方法解决下面的问题吧。

 笼子里有一些鸡和兔。从上面数,有5个头,从下面数,有14只脚。鸡和兔各有几只?

这有点儿难啊!用刚才画图的方法试一试吧!

 画一画,说一说。

❶ 画一画:试着用简单的画图法解决问题。
❷ 说一说:你是怎么想的?

我是这样想的，假设全是鸡：

5只鸡只有10只脚，还剩下4只脚。给其中的2只鸡分别添上2只脚就变成2只兔子了：

所以是3只鸡，2只兔子。

还可以这样，假设全是兔子：

5只兔子有20只脚，多出了6只脚。给其中的3只兔子分别减少2只脚就变成3只鸡了：

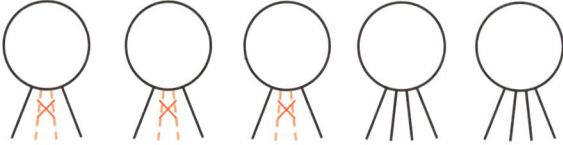

所以是3只鸡，2只兔子。

先都当成鸡来画，要添加脚；先都当成兔子来画，要擦去脚。这两种方法都是好方法！

  难度升级,继续画一画!

 再来试试,笼子里有一些鸡和兔子。从上面数,有8个头,从下面数,有26只脚。鸡和兔子各有几只?

可以继续用画图的方法试一试。

一起来交流

我用的是假设都是鸡的方法:

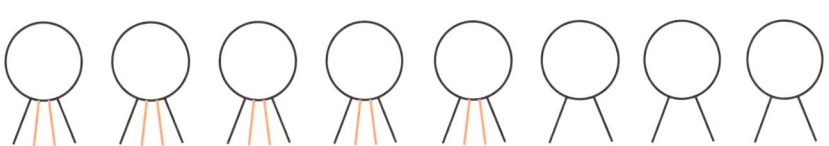 

8只鸡只有16只脚,还剩下10只脚。给其中的5只鸡分别添上2只脚,就有5只鸡变成兔子了。

因此是3只鸡,5只兔子。

我用的是假设都是兔子的方法：

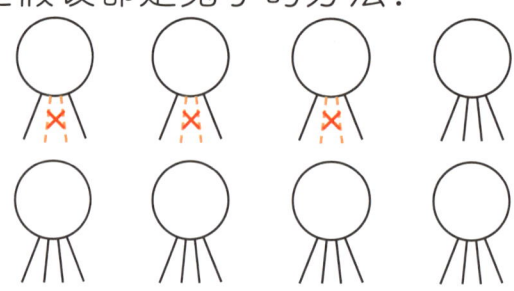

8只兔子有32只脚，多出了6只脚。给其中的3只兔子分别减少2只脚，就有3只兔子变成鸡了。

因此是3只鸡，5只兔子。

古人还有一种方法：抬脚法。

所有的鸡和兔子都抬起一半的脚：26÷2＝13（只）；

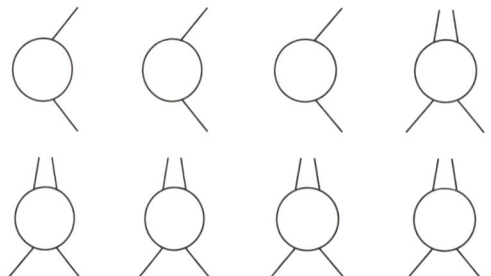

接着，再同时抬起一只脚，剩下1只脚的就是兔子：13－8＝5（只）；鸡：8－5＝3（只）。

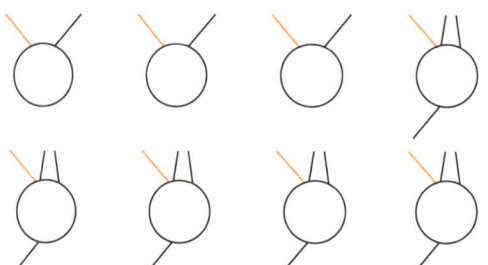

24. 鸡兔同笼

动手操作

在一个场地上，停着自行车和小汽车，共有7辆，18个轮子，其中自行车有几辆？小汽车有几辆？

提示一下小朋友们，自行车有几个轮子？小汽车有几个轮子？

一起来交流

可以先假设都是自行车，也可以先假设都是小汽车。我是先假设都是自行车，得出小汽车2辆，自行车5辆。

我用画图的方法算了一下，结果和你的一样。

 原来生活中也藏着"鸡兔同笼"问题啊！让我们一起找一找吧！

古老的数学问题

　　大约在1500年前，我国古代著名典籍《孙子算经》中记载了"鸡兔同笼"这个有趣的问题。

　　书中是这样叙述的：

　　今有雉兔同笼，上有三十五头，下有九十四足，问雉兔各几何？

　　这四句话的意思是：

　　现有若干只鸡兔同在一个笼子里，从上面数，有35个头，从下面数，有94只脚。问笼中各有多少只鸡和兔子？

　　国人已经将这个问题研究了1500多年，想出了十多种解题方法。小朋友们，快动动你们聪明的小脑瓜，发挥你们的聪明才智，探索"鸡兔同笼"问题的更多解法吧！

参考答案

1 双胞胎兄弟

亲子乐园

① 移法见下图。

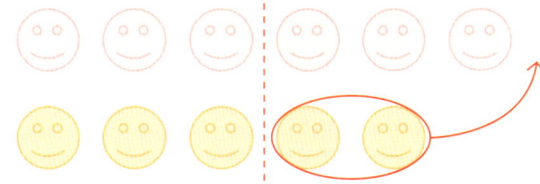

② 移法见下图。

---

2 图形变变变

活动一

动手操作 将下面的长方形分成 4 个形状、大小相同的图形。

（1）竖着对折，再对折，画线。

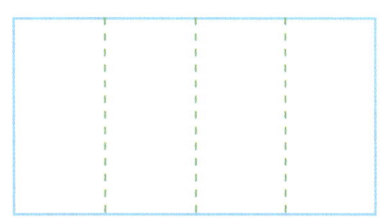

（2）横着对折画线，再分别画对角线。

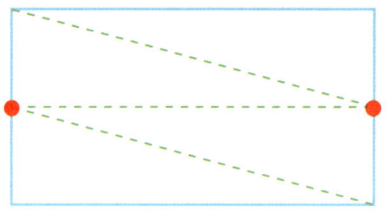

（3）竖着对折，再横着对折，画线。

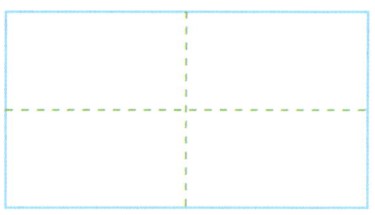

（4）横着对折画线，左右各取相同长度连线。

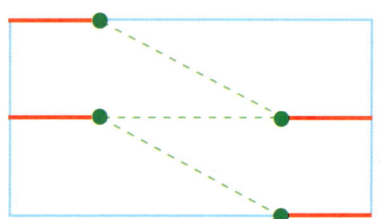

亲子乐园

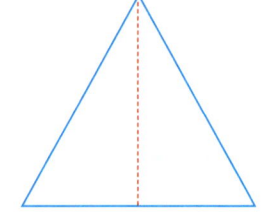 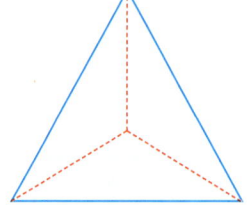 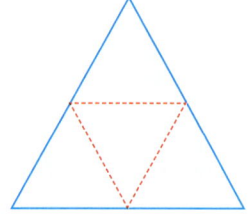 ……

❸ 方格图里的奥秘

（略，有规律即可）

④ 火柴棒游戏

亲子乐园

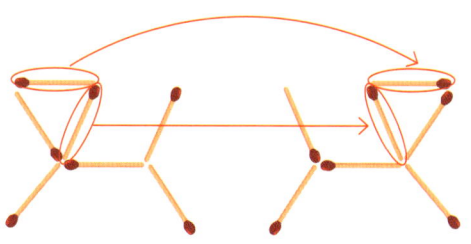

⑤ 跟着人民币去旅行

（略）

⑥ 大比拼

亲子乐园

3 + 🌷 = 🌻 + 5 → 🌷 ⓥ 🌻

6 + 🔺 = 1 + 🟩 → 🔺 ⓥ 🟩

⑦ 数字跷跷板

亲子乐园

❶ 试一试：　2 9 3 8　　　　4 7 5 6

❷～❸ （略）

8 巧数方块

亲子乐园

❶ 想一想：19 颗。

❷ 算一算：19×4－4＝72（颗），一共可以摆放 72 颗棋子。

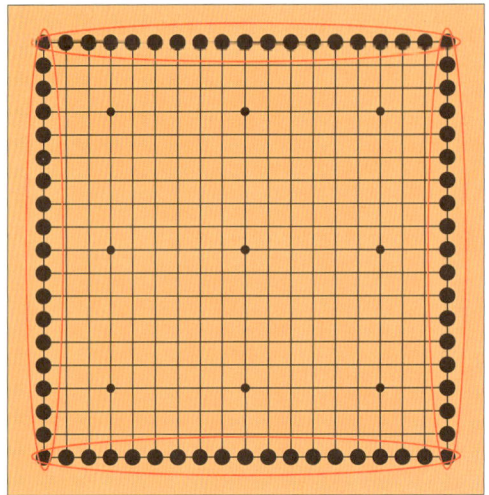

也可以这样算：18×4＝72（颗）。

还可以这样算：19×2＋17×2＝72（颗）。

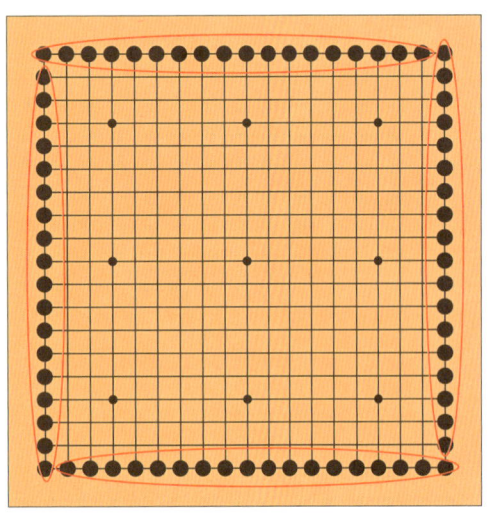
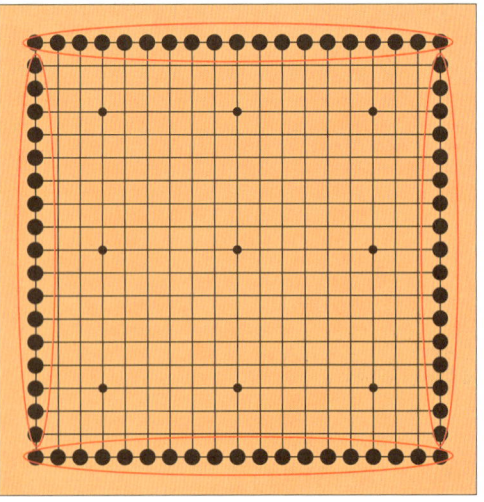

9 四连方游戏

（略）

10 身体上的"尺子"

（略）

11 蚂蚁排排走

亲子乐园

摆一摆，画一画：

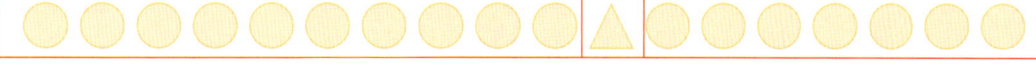

算式：18-8=10（只），10+1=11（只），

从左往右小小排在第 11 个。

12 摆正方形游戏

亲子乐园

摆 14 个小正方形，至少需要（36）根。

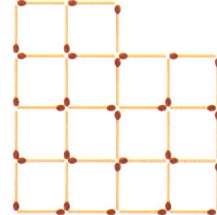

13 图形背后的数

活动二

试一试

挑战一：⭐ =（ 2 ）　　🟦 =（ 12 ）
挑战二：⭐ =（ 2 ）　　🟦 =（ 8 ）
挑战三：⭐ =（ 6 ）　　🟦 =（ 8 ）
挑战四：⭐ =（ 2 ）　　🟦 =（ 12 ）

活动三

动手操作

❶ ⭕ =（ 4 ）
　 🔺 =（ 5 ）
　 🟦 =（ 3 ）

❷ 🔷 =（ 3 ）
　 ⭐ =（ 5 ）
　 🔴 =（ 10 ）

❸ ☺ =（ 8 ）
　 ♡ =（ 10 ）
　 🌙 =（ 5 ）

❹ 🟡 =（ 3 ）
　 🟫 =（ 9 ）
　 🟥 =（ 6 ）

亲子乐园

🟠 =（ 8 ）　　◎ =（ 16 ）

14 摆圆片游戏

亲子乐园

猜一猜：摆正方形花坛，一共需要20盆花。

画一画：（用 ◯ 代表 🌸）

算一算：

方法一：6＋6＋6＋6－4＝20（盆）

方法二：5＋5＋5＋5＝20（盆）

方法三：4＋4＋4＋4＋4＝20（盆）

15 玩转生肖

（略）

16 猴子吃桃子

亲子乐园

苗苗到达学校的路线更短。

---

17 有趣的口诀

（略）

---

18 围棋子遇见数位表

亲子乐园

写一写：
用 6 颗棋子可以摆出的三位数：

600
510　501
420　411　402
330　321　312　303
240　231　222　213　204
150　141　132　123　114　105

19 猜数游戏

亲子乐园

❶ 想一想，算一算：
（1）60　（2）20　（3）28

❷ 玩一玩：
（略）

---

20 我会购物

亲子乐园

❶ 换一换：

1 角 =（ 10 ）分　　　20 分 =（ 2 ）角

1 元 =（ 10 ）角　　　10 角 =（ 1 ）元

3 元 =（ 30 ）角　　　50 角 =（ 5 ）元

9 元 =（ 90 ）角　　　80 角 =（ 8 ）元

❷ 购一购：

39 元 9 角 + 7 元 + 2 元 8 角 = 49 元 7 角。

可以这样付：4 张 10 元、1 张 5 元、4 张 1 元、3 张 2 角纸币和 1 枚 1 角硬币；其他方法只要总额是 49 元 7 角都可以。

❸ 想一想：
（略）

21 神秘的算盘

（略）

---

23 数学中的太阳花

亲子乐园

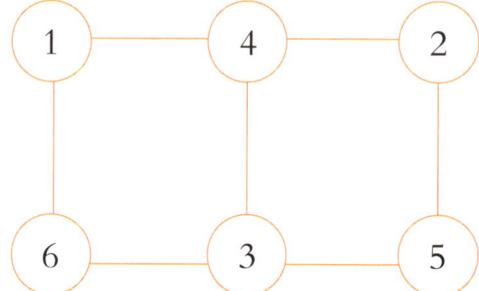

附页：

❶ 双胞胎兄弟、蚂蚁排排走（圆片20个、三角形2个）

❷ 图形变变变（4个正方形图）

3 火柴棒游戏、摆正方形游戏（火柴棒50根）

❹ 摆圆片游戏（绿色圆片 30 个）

❺ 玩转生肖（转盘一个）

6 围棋子遇见数位表（围棋子 20 颗、数位表一张）

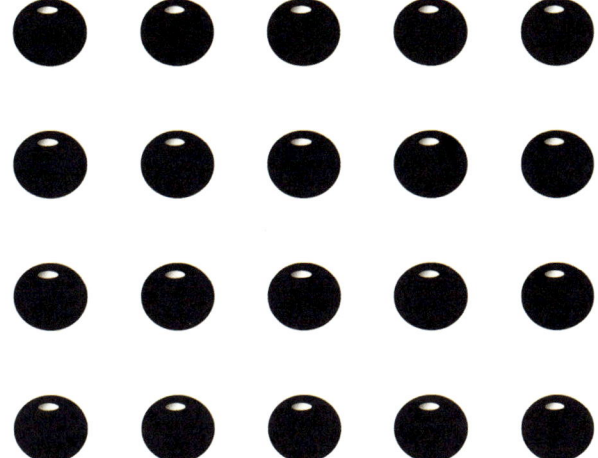

百位	十位	个位